La comida de la familia

FERRAN ADRIÀ

La
comida
de la
familia

coma lo que se comía en **elBulli** de seis y media a siete

FERRAN ADRIÀ

con la colaboración de
Eugeni de Diego

... y todo el equipo de **elBulli**

RBA

© Ferran Adrià, Juli Soler y Albert Adrià
© de las fotografías: Francesc Guillamet / Maribel Ruiz de Erenchun

Diseño gráfico: Manel Gràvalos
Coordinación gastronómica: Marc Cuspinera
Elaboración de recetas: Eduard Xatruch, Eugeni de Diego, Jordi Bernús,
Mateu Casañas y Oriol Castro
Elaboración de textos: Josep Maria Pinto

© de esta edición: 2011, RBA Libros, S.A.
Avda. Diagonal, 189 - 08018 Barcelona
www.rbalibros.com / rba-libros@rba.es

Primera edición en este formato: junio 2012

Ref.: RPRA042
ISBN: 978 84 9298 182 3
Depósito legal: B-35612-2011
Impreso en: Soler Tallers Gràfics

En este
libro

El lector va a ver qué comíamos cada día
en **elBulli** de seis y media a siete horas

Hemos confeccionado estos **31 menús** con un precio
de **3 a 4 euros** por persona

Le vamos a **ayudar a organizarse** para cocinar
como lo hacemos en el mundo profesional

ÍNDICE

— **INTRODUCCIÓN** **10**
- ¿Qué es la comida de la familia? 10
- ¿Por qué este libro? 10
- ¿Un libro de recetas... o de menús? 11
- ¿Qué se ha tenido en cuenta a la hora de confeccionar un menú? 11
- Características generales de los menús 11

1. Cómo nos organizamos en elBulli **12**
- Fichas de producción 12
- Hojas mensuales y semanales 13
- El día a día 14
- Los «violines» y los boles, perfectos para servir... y para ahorrar 15
- Los gustos del personal 16
- Un café y a recoger 17

— **TRUCOS PARA EL MUNDO PROFESIONAL** **18**
- Cómo aprovechamos productos o elaboraciones en elBulli 18
- El espesante mágico 20
- Técnica CRU 21
- Agua de parmesano, un queso líquido 21

2. Cómo nos tenemos que organizar en casa **24**

— **LA IMPORTANCIA DE PLANIFICAR** **24**

— **LA HORA DE LA COMPRA** **24**

— **COMENTARIOS SOBRE ALGUNOS PRODUCTOS** ... **25**
- Las verduras y las frutas 25
- Los lácteos 25
- El pan 25
- El aceite 25

— **ELEGIR Y COMPRAR UN PESCADO** **27**
- Ahorrarse trabajo con el pescado 27
- Algunos de los pescados más frecuentes 28

— **COMPRAR Y COCINAR LA CARNE** **30**
- ¿Cómo cocinar la carne? 32
- Posibles guarniciones 32
- ¿Cómo hacer unas buenas patatas fritas? 33

— **¿CÓMO COCINAR LOS HUEVOS?** **34**

— **CONSEJOS SOBRE HIERBAS AROMÁTICAS, ESPECIAS Y CONDIMENTOS** **36**

— **CONSERVAR LOS ALIMENTOS EN EL HOGAR** ... **38**
- A la hora de congelar 39

— **APARATOS Y UTENSILIOS** **40**
  • Los indispensables para los 31 menús 40
  • Otros aparatos y utensilios 42

— **LAS COCCIONES** **44**
  • Guisar / estofar 44
  • Rustir 44
  • Plancha / sartén 45
  • Freír 45
  • Asar al horno 46
  • Hornear 46
  • Gratinar 46
  • Hervir 47
  • Al vapor 47
  • Otros 47

3. Qué necesitamos   48

— **INGREDIENTES QUE HAY QUE TENER** **48**
  • Despensa 48
  • Nevera 49
  • Congelador 49

— **RECETAS BASE, LA *MISE EN PLACE*** **50**
  •¿Cómo se pueden guardar las elaboraciones? 51

— **LOS CALDOS** **52**
  • Caldo de pescado 54
  • Caldo de pollo 55
  • Caldo de ternera 56
  • Caldo de jamón 57

— **LAS PREPARACIONES BÁSICAS** **58**
  • Picada 58
  • Sofrito 59
  • Cebolla pochada 59

— **LAS SALSAS** **60**
  • Salsa de tomate 60
  • Salsa boloñesa 61
  • Salsa romesco 62
  • Salsa pesto 63
  • Salsa teriyaki 64
  • Salsa barbacoa 65
  • Salsa chimichurri 66
  • Salsa alioli 67

— **OTROS** **67**
  • Picatostes 67

4. Los menús   68

  • Los pasos a seguir para hacer cada menú 68

INTRODUCCIÓN

¿Qué es la comida de la familia?

— Como es lógico, la comida del personal de un restaurante no tiene por qué coincidir con lo que se sirve en él. En general, la gente no sabe qué comíamos en elBulli, y se sorprende cuando decimos que la «familia», que es el nombre con el que nos referimos al equipo, siempre ha comido cocina tradicional.

— ¿Por qué es tan importante la comida para el personal en elBulli? La respuesta es muy fácil: porque estamos convencidos de que si comes bien, cocinarás bien.

¿Por qué este libro?

— El origen de este libro es el trabajo que Ferran Adrià y Eugeni de Diego han llevado a cabo a lo largo de tres años, recopilando y elaborando los menús que comía el equipo. Nos pareció una lástima que todo ese trabajo se quedara en un cajón. Considerábamos también que, una vez se hubo decidido que el 30 de julio de 2011 elBulli cerraría sus puertas como restaurante, podríamos recoger en un libro toda la comida de la familia.

— En principio pensamos en hacerlo únicamente para el mundo profesional: muchos restaurantes de todo el mundo dan de comer cada día a su personal, y queríamos que esa fuese nuestra contribución al gremio: proponer unos menús variados y equilibrados para todo el equipo de cocina. Pero en este punto nos preguntamos lo siguiente: ¿Por qué no trasladar toda esta filosofía a la cocina doméstica?

— Así pues, este libro pretende introducir a la gente en la cocina, y por ese motivo incidimos más en el enfoque para casa que en el profesional. No queremos inventar nada nuevo, sino proporcionar una herramienta para que todo el mundo pueda comer cada día de forma variada, razonable y barata. No se trataba de hacer un libro de cocina rápida, algo que ya hemos hecho en otras ocasiones. Queríamos una cocina con fundamento, con elaboraciones que nadie imagina que se puedan hacer con tanta facilidad; por ejemplo, los guisos.

— Este es un libro de cocina fácil. Lógicamente se necesita cierta práctica para cocinar estas recetas, pero este libro puede ser ideal para iniciarse.

— En cierto modo pretende ser más un modo de vida que un estilo de cocina. El espíritu del libro se puede resumir en esta frase: «Si no comemos bien es porque no queremos».

¿Un libro de recetas... o de menús?

— Hay muchos libros de recetas de cocina, pero muy pocos que se basen en los menús. En casa cogemos un libro de recetas y no sabemos muy bien cómo organizarnos, ni cómo combinar los platos. En este caso queríamos ayudar a la gente a través de un menú pensado en términos globales. Para ello hemos ideado 31 menús, que constan de 3 recetas cada uno.

¿Qué se ha tenido en cuenta a la hora de confeccionar un menú?

— En primer lugar, que su precio global por persona no excediera los 4 euros. Hay millones de personas cuyo poder adquisitivo no les permite gastar más de 4 euros un menú diario. Como es lógico, el precio no será el mismo en todo el mundo. No es igual comprar en un supermercado que en un mercado, como no lo es comprar en Sevilla que en Estocolmo, en Nueva York o en Lima. Pero el principio sigue siendo el mismo: se trata de una actitud orientada a planificar y cocinar menús a buen precio con los productos disponibles en el entorno del usuario.

— En segundo lugar, una estructura de:
Entrante
Segundo plato
Postre

— En tercer lugar, que fuera un menú práctico de cocinar.

— En estos 31 menús hemos recurrido a todo tipo de ingredientes. El equilibrio alimentario se consigue, pues, gracias a la variedad, a la combinación de todas las familias de productos. En realidad, esta es la respuesta más realista, lógica y, a nuestro entender, satisfactoria a las exigencias nutricionales de un menú: la variedad de comer todo tipo de ingredientes, con unas cocciones saludables, es lo que los especialistas suelen destacar como una alimentación equilibrada.

Características generales de los menús

— Los cocineros de elBulli comen como en muchos hogares de España. Al mismo tiempo, dado que tenemos muchas nacionalidades, se han ido introduciendo otras elaboraciones y platos, por ejemplo de México, Japón, etc. Aun así, los ingredientes que indicamos se pueden encontrar prácticamente en todo el mundo, al menos en un 95 % de los casos. Son ingredientes muy normales, y no son caros.

— No hemos utilizado menudillos al confeccionar los menús, dado que son ingredientes que pueden ser problemáticos. En principio habíamos pensado incluir algunos de los más frecuentes en nuestras cocinas, como los callos, los pies de cerdo, el hígado de cordero o los sesos a la romana, pero al final, para llegar al máximo de paladares, optamos por eliminarlos de los menús.

— Para elaborar y redactar estos menús de la forma más lógica contábamos con el trabajo previo para las 75 personas que componen el equipo. Pero durante 31 días ha habido, además, un cocinero que se ha ocupado de elaborar el menú para 2 personas. Esto significa que iba al mercado o al supermercado a comprar los ingredientes necesarios. Si no le era posible encontrarlos de forma razonablemente fácil, eso significaba que aquel menú no podía funcionar. Cuando lo hemos creído conveniente o útil, en el caso de que no fuera posible encontrar los inicialmente previstos para una receta determinada, hemos sugerido ingredientes de sustitución.

— En la mayoría de los menús casi no hay nada congelado, todo es fresco. Ahora bien, no hemos querido obsesionarnos. Un producto fresco es insuperable, pero hay productos congelados que tienen una calidad altísima, como, por ejemplo, los guisantes, lo cual nos permite comerlos fuera de su temporada habitual. No se puede hacer discursos falsos al respecto: los guisantes frescos disparan el precio del menú, que sería inviable al precio que hemos propuesto de inicio.

1/ Cómo nos organizamos en elBulli

Fichas de producción

— La planificación de una comida diaria para 75 personas no puede dejarse al azar. Por ello, en elBulli tenemos toda una serie de protocolos de organización que hemos ido perfeccionando con el tiempo y que a día de hoy nos facilitan esta tarea.

— Contamos con toda una información escrita que vamos actualizando y que es clave para el desempeño cotidiano de esta comida: la **ficha de producción**, donde aparece redactada la receta, de modo que siempre se haga el plato del mismo modo, independientemente de quién sea el encargado de la cocina. La información permite producir el plato para el número requerido de personas.

— Dos o tres veces al año producimos varios kilos de recetas base (salsas, caldos, sofrito, picada, etc.) para congelar y poder utilizarlas cuando sea necesario, racionando de una manera cómoda para su uso.

FAMILIA

RECETAS   ENSALADA

ENSALADA DE ZANAHORIA

Hay que hacer	75 RAC.	75 UNID.	Q Teórica	Q Compra
Para la vinagreta			160,714 GR	0,23 BOTELL
VINAGRE DE XEREZ			230,357 GR	0,92 BOTES
MOSTAZA DE DIJON			1071,43 GR.	1,07 LT.
ACEITE DE OLIVA 0,4			Q Teórica	Q Compra
Para el principal			107,143 GR.	1,07 BARQU
CILANTRO			6428,57 GR	6,43 KG.
ZANAHORIA				

OBSERVACIONES:
1 -1 RACION DE ENSALADA DE ZANAHORIA ES IGUAL A 80 GR DE ZANAHORIA LAMINADA.

ALIÑAR LA ENSALADA DE ZANAHORIA LO MAS TARDE POSIBLE.
PARA ALIÑAR 360 GR DE ZANAHORIA SE NECESITAN 80 GR DE VINAGRETA.

(PREGUNTAR SIEMPRE A LA PERSONA RESPONSABLE CON UNA MUESTRA)

Hojas mensuales y semanales

— La primera operación consiste en hacer una **hoja mensual** de menús, un cuadrante en el que se decide qué se va a comer cada día del siguiente mes, atendiendo a la variedad, la alternancia, la temporada y la disponibilidad de productos.

— A partir de esta hoja mensual, el último día de la semana se confirma la **hoja semanal** correspondiente a la semana siguiente, que se va a cumplir salvo que se produzca alguna excepción; por ejemplo, cuando algún proveedor nos regala alguno de sus productos, o si aprovechamos partes sobrantes de productos necesarios para el servicio. Toda esta planificación la lleva a cabo Eugeni con la supervisión de Ferran.

SEPTIEMBRE 2010

	MARTES	MIERCOLES	JUEVES	VIERNES	SABADO	DOMINGO
Patata con espuma de chantilly / Cerdo 2 colores en su jugo	31 Ensalada waldorf ----- Fideos con mejillones	1 Sopa de miso ----- Llonganisa amb samfaina Fresas inopia	2 Calabacin con oregano ----- Pollo a l'ast con chips ----- Flan de coco	3 Macarrones con boloñesa Caballa a la japones ----- Espuma de queso fresco con miel	4 Salmorejo con huevo y jamon ----- Arroz caldoso de franquets	5
6	7	8	9 Ensalada cesar ----- Fideos con costilla	10 Cintas carbonara ----- Pelaia plancha	11 Mejillones con tomate ----- Conejo al ajillo con champis	12 Sopa de tomate y sandia Arroz de guatllas Coulant de chocolate
13 guacamole Pollo mole con risoto Ensalada de naranjas	14 Guisantes con sepia o chirlas ----- Hamburguesa con chips	15 Garbanzos con franquets ----- Costilla al horno teriyaki Espuma de queso fresco y miel	16 Pepino aliñado a la japonesa ----- Pollo a l'ast Con chips	17 Escudella barrejada ----- Sardinas a la plancha	18	19
20	21 Embutido con pan y tomate ----- Fideos con mejillones	22 soba ----- Butifarra esparracada con champis	23 Ensalada de tomate con albahaca ----- Pollo al curry con arroz blanco	24 Espaguetis salsa de tomate ----- Pescadilla a la romana (bocadillo)	25 Ensalada de patata y atun ----- Arroz de conejo	26
27	28 Ensalada waldorf ----- Callos con garbanzos	29 Sopa de pan con huevo ----- Pollo a l'ast con chips cookies	30 Cap de vadella con vinagreta ----- Judias con guatllas Barquillos rellenos	1 Macarrones boloñesa ----- Pelaia plancha	2 Patata con espuma de chantilly Cerdo 2 colores en su jugo ----- Ossobuco a la milanesa	3 gazpacho Arroz negro

El día a día

— De 14 a 18:15 h se elabora en la cocina pequeña el 90 % de la comida de la familia. Se repasa el menú y los productos que se precisan para ello.

— A las 18:25 h termina la *mise en place* del servicio, y todo el personal reparte las sillas y pone las botellas de agua, los vasos y el pan sobre las mesas.

Los «violines» y los boles, perfectos para servir… y para ahorrar

— A la vista de las recetas que aparecen en este libro, un lector atento puede darse cuenta de que en algunas ocasiones las cantidades que señalamos no son proporcionales para 2, 20 o 75 personas. La razón es muy fácil de entender: al cocinar a diario para 75 personas nos hemos dado cuenta de que la cantidad necesaria para este número de personas no sería el resultado de multiplicar la cantidad para 2 por 37,5.

— Por ejemplo, si quisiéramos servir 75 platos de puré de patata, nos daríamos cuenta de que a lo mejor hay 10 personas que no lo comen, con lo cual nos veríamos obligados a tirar literalmente a la basura el puré sobrante. Por esta razón, cuando cocinamos para un equipo de 75 personas no emplatamos todas las recetas, sino que servimos buena parte de ellas en bandejas ovaladas que conocemos por el nombre de «violines». Se trata de una fuente que permite que cada comensal pueda servirse la cantidad que desea. Si aun así sobra comida, esta se puede reciclar o aprovechar.

— Con el uso de los violines y la experiencia de tres años nos hemos ido dando cuenta de cuáles son las cantidades reales de comida necesarias, y a medida que repetíamos recetas, íbamos corrigiendo las fichas de producción.

— Los boles o ensaladeras, en los que emplatamos purés, cremas o ensaladas, participan de la misma filosofía, y nos permiten cocinar una cantidad que se ajusta mucho a la realidad.

— Los cocineros y el servicio de sala están haciendo cola para coger un plato servido en la cocina.

— El otro plato del menú suele estar en la mesa, servido en violines, junto al agua, los vasos y el pan. Por otro lado, el postre se suele poner aparte (racionado o en violines), y cada persona lo coge antes de comer o al acabar el segundo plato, según desee.

Los gustos del personal

— El equipo tiene sus preferencias, que, de hecho, no se alejan mucho de lo que suele gustar a la gente que no trabaja en un restaurante. Nos hemos dado cuenta, por ejemplo, de que los miembros del equipo suelen repetir más con la pasta que con otros productos. Por este motivo solemos hacer más cantidad, de modo que quien quiera pueda volver a servirse un plato.

— Entre los platos preferidos de los miembros del equipo destacan también los arroces de todo tipo: arroz negro, risotto, arroz caldoso, etc. En cuanto a los segundos platos, la hamburguesa es sin lugar a dudas un favorito...

Un café y a recoger

— A medida que van acabando, los miembros del equipo recogen sus platos, vaso y cubiertos y se van a tomar un café. Cada día, por turnos, uno de los integrantes del equipo de sala se encarga de hacer los cafés para todo el personal.

— Ya solo queda en la mesa Ferran, quien cada día se reúne brevemente con Eugeni para tratar las incidencias que se hayan podido producir.

— Tras unos minutos de descanso toca ponerse de nuevo a trabajar. A las 19 h se recogen las sillas, se limpian las mesas y se prepara la cocina para el servicio.

TRUCOS PARA EL MUNDO PROFESIONAL

Cómo aprovechamos productos o elaboraciones en elBulli

— Uno de los recursos de una cocina profesional es el aprovechamiento de productos o elaboraciones que son consecuencia de la *mise en place* del servicio (ver pág. 50).

— He aquí algunos consejos al respecto, procedentes de nuestra experiencia en elBulli. Obviamente, cada restaurante tendrá, por sus características y estilo, sus propios productos o elaboraciones que se pueden utilizar de otro modo.

- Si elaboramos una leche de almendra, la pulpa del fruto seco se puede guardar para elaborar un ajoblanco o un helado.

- Si se hace un agua de queso, sobre todo de parmesano, la grasa que queda se puede utilizar para un risotto.

- Tras utilizar las puntas de los espárragos en un plato, se pueden usar los tallos para servirlos hervidos con mayonesa, o bien hacer una sopa, un puré o una crema.

- Cuando en el servicio se emplea una ventresca, por ejemplo de caballa, o alguna otra pieza determinada de un pescado, el resto puede servir para hacer una sopa, un tartare o un pastel de pescado.

- Las frutas demasiado maduras para servirlas en la mesa, o los trozos sobrantes de frutas utilizadas, pueden usarse para confeccionar un sorbete o un coulis.

- Si hacemos agua de aceituna, con la pulpa podemos hacer una sopa o bien confeccionar una vinagreta.

- Al hacer leche de coco podemos utilizar la pulpa resultante para diversos postres: coquitos, flan de coco, pudines.

- Al obtener un agua de tomate (por ejemplo para un granizado), la pulpa sobrante se puede emplear para hacer sofritos, salsa, etc. Y viceversa: si necesita la pulpa, el agua se puede usar para una bebida refrescante.

- Cuando hacemos un caldo, la materia sólida restante se puede volver a mojar con agua y poner a hervir. Es lo que llamamos un «caldo de repaso».

- Cuando hacemos caldo de pollo podemos desmenuzar la carne del pollo para utilizarla en una ensalada.

- Si se hace un caldo de jamón, con los recortes del jamón se puede confeccionar un plato con guisantes.

- Si utilizamos yemas de huevo, podemos guardar las claras para otra elaboración (una mousse, un merengue, etc.). Y viceversa: si tenemos que usar las claras, podemos hacer un tocinillo con las yemas.

— Adapte esta página a las elaboraciones que suela hacer. Las posibilidades son múltiples y pueden proporcionar soluciones sabrosas e interesantes, además de contribuir a gestionar mejor la comida sobrante y, en consecuencia, a ahorrar.

El espesante mágico

— En el mundo profesional hace ya algunos años que es frecuente emplear la xantana, un hidrocoloide de gran poder espesante con el cual se pueden ligar o densificar jugos o salsas.

— Se trata de un producto muy efectivo, que permite sustituir los espesantes tradicionales (maicena, harina, etc.) con unas cantidades ínfimas. Ello redunda, lógicamente, en el sabor de la preparación, que al contener tan poca xantana no coge ningún gusto.

— La xantana es muy útil sobre todo en el mundo profesional. En el hogar, las cantidades que tendríamos que utilizar serían muy pequeñas y no muy fáciles de calcular. Por otra parte, en casa resulta fácil ligar una salsa o una vinagreta con maicena y remover para obtener la textura deseada, si estamos hablando de una cantidad para pocas personas. En cambio, si estamos cocinando para 75 personas, cobra más sentido emplear la xantana que, con su dosificación tan pequeña y al mismo tiempo tan exacta, resulta ideal.

Técnica CRU

— La técnica que en elBulli denominamos «CRU» consiste en envasar al vacío un producto (por ejemplo una fruta o una verdura) junto con un líquido de otro sabor y aroma. Con el paso de las horas, el líquido del exterior va penetrando en el producto, con lo que este queda aromatizado según el líquido del entorno.

— Algunos ejemplos podrían ser: manzana con calvados, piña con jarabe de hinojo, manzana con jarabe de albahaca, alcachofa con vinagreta, espárragos con agua de parmesano, etc.

Agua de parmesano, un queso líquido

— Esta agua de parmesano tiene muchos usos en cocina, o bien aplicándolo directamente en risottos o pastas o bien para obtener elaboraciones: helados, gelatinas, etc.

INGREDIENTES	Para 2 l
Parmesano Reggiano	2 kg
Agua	2 l

1. Ponga el agua a hervir. Cuando hierva añada el parmesano triturado sin parar de remover.
2. Deje de remover cuando vea que el parmesano ha quedado completamente fundido, formando una masa viscosa. Tape y mantenga fuera de la nevera. Remueva cada 10 minutos.
3. Una hora más tarde cuele el parmesano un colador fino.
4. Deje el líquido fuera de la nevera para que se decante bien e introdúzcalo en la nevera para que la parte superior solidifique. De esta forma podrá extraer con facilidad el agua de parmesano.

grasa

agua

pasta

2/ Cómo nos tenemos que organizar en casa

LA IMPORTANCIA DE PLANIFICAR

— A la hora de pensar los menús de la familia para realizarlos en casa nos dimos cuenta de la importancia de la *mise en place* en los restaurantes, en comparación con la cocina doméstica. Por decirlo de otro modo, en casa no nos solemos organizar para facilitarnos el trabajo. Ciertamente hay cosas que se tienen que hacer en el mismo día, pero otras se podrían preparar con antelación. Es necesario ser pragmático.

• Es muy útil planificarse la semana y la correspondiente lista de todo lo que se pueda comprar con antelación. Los productos de compra diaria tendrán que dejarse para el día que corresponda.

• Optimice el tiempo. Si sigue las indicaciones que aparecen al principio de cada menú, podrá realizar en poco tiempo los tres platos de que se compone.

• Deje los menús más complicados o de elaboración más larga para el fin de semana.

LA HORA DE LA COMPRA

— ¿Es mejor comprar en el mercado o en el supermercado? Ambos tienen sus detractores y sus defensores, así como sus ventajas e inconvenientes.

• En el mercado existe la posibilidad de conocer muy de cerca a los vendedores, con todo lo que ello tiene de trato directo y de confianza. Conocer al carnicero o al pescadero directamente es algo que valoran muchos usuarios. Cuando compre productos cárnicos o del mar, aproveche la experiencia de estos profesionales para que se los preparen y realicen las operaciones más pesadas: desescamar, desespinar, deshuesar, vaciar, cortar, etc. También le aconsejarán acerca del corte de carne más adecuado, o del tipo de pescado más apropiado para una receta determinada.

• Por su parte, el supermercado muchas veces cuenta con precios muy interesantes, al tratarse de cadenas que distribuyen productos para miles de usuarios potenciales. No olvide que tiene la opción de hacer la compra por Internet. Muchos supermercados han habilitado esta opción, lo cual ayuda a realizar una compra lógica, sobre todo en lo referente a los productos para la despensa.

— Al final, lo mejor es poder contar con ambas opciones, e ir comprando en cada uno de estos dos espacios lo que más nos guste o se ajuste a nuestras posibilidades.

COMENTARIOS SOBRE ALGUNOS PRODUCTOS

Las verduras y las frutas

— Piense siempre en priorizar las verduras y las frutas de temporada. Tenga en cuenta que el precio de las mismas cuando la temporada empieza siempre es más alto que en plena estación. Compare y opte siempre por las de precio más razonable, ya que estos productos pueden llegar a ser muy caros... o muy baratos.

— Hoy en día existe la posibilidad de comprar porciones muy pequeñas de frutas y verduras, o de adquirir muy pocas unidades. Esta solución es ideal para hogares de 2 personas, por ejemplo.

Los lácteos

— Es preciso saber algunos datos importantes sobre estos productos:

• Generalmente es importante que la leche sea entera, ya que el porcentaje de grasa posibilita la realización de muchas elaboraciones de este libro.

• En el caso de la nata líquida, es importante saber si se necesita nata para montar o nata para cocinar. Hay natas con diferentes porcentajes de grasa. Por ejemplo, la indicación 35 % m. g. indica que aquella nata contiene un 35 % de materia grasa, por lo que será apta para montar.

• El yogur es un producto maravilloso, por las grandes posibilidades que proporciona. Existen muchas variantes en cuanto a sabores, cremosidad, dulzor, porcentaje de grasa, etc. En el caso del yogur para cocinar es preferible no complicarse: un yogur natural, sin más, de buena calidad, es la mejor opción.

El pan

— La oferta es múltiple: existen panes frescos de diferentes clases y tamaños en las panaderías. O baguettes precocinadas, horneadas en varios tipos de establecimientos. Y panes empaquetados, de molde o de otras formas.

— Actúe según sus gustos pero también según las posibilidades de compra, almacenamiento, etc. Recuerde que puede congelar pan y volverlo a utilizar tras ponerlo unos minutos en el horno o en la tostadora.

El aceite

— Para elaborar los menús de este libro se precisan básicamente tres tipos de aceite: dos de oliva (el común de 0,4° para cocinar, y el virgen extra para aliñar) y el de girasol, preferentemente para freír.

— En el mercado existen muchas calidades y precios.

ELEGIR Y COMPRAR UN PESCADO

— La pescadería es uno de los comercios en los que es más importante la relación personal con un profesional de confianza, que conozca las características de las diferentes especies y pueda orientarle acerca de las mejores opciones.

— La manera más rápida de reconocer si un pescado es fresco es fijarse en los ojos y la piel.

• Los ojos tienen que ser negros, brillantes y convexos; si son grises, o si se ven planos o hundidos, significa que el pescado ya no está en su mejor momento.

• La piel tiene que verse brillante y tersa; si está apagada o arrugada, el pescado tampoco está fresco.

— El olor también ayuda a apreciar su estado. El pescado no tiene que oler o, en cualquier caso, debe oler más a mar que a pescado. Cuando se nota un fuerte olor a pescado significa que ya no está tan fresco como sería deseable.

— A la hora de guardar el pescado en la nevera, existen unos recipientes de plástico con una rejilla en el fondo que permite separar el pescado del jugo que pueda soltar.

Ahorrarse trabajo con el pescado

— En algunos restaurantes puede resultar cómodo para todo el personal librarse de las operaciones de limpiar el pescado. Del mismo modo que para el hogar es conveniente pedirle al pescadero que nos haga el trabajo preliminar.

Algunos de los pescados más frecuentes

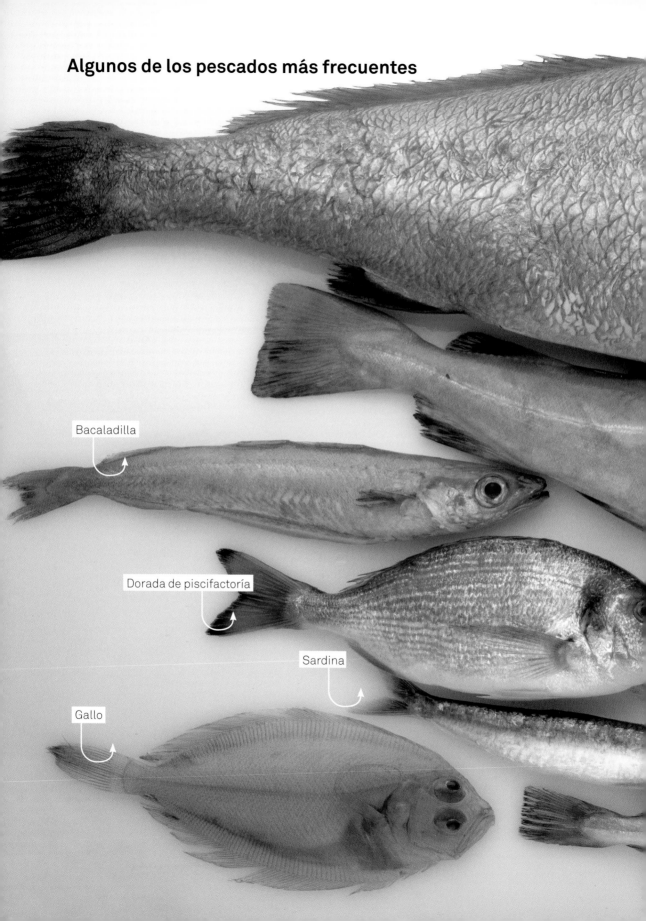

Bacaladilla

Dorada de piscifactoría

Sardina

Gallo

Corvina

Bacalao

Lubina de piscifactoría

Jurel

Pescadilla

COMPRAR Y COCINAR LA CARNE

— Cuando hablamos de carne, el precio es un factor fundamental, ya que se trata de un producto que, según en qué variedades, puede ser alto. Adquirir las piezas de carne más costosas significaría superar ampliamente el presupuesto que nos hemos asignado para los 31 menús de este libro.

— Pero existen posibilidades fantásticas para hacer platos de carne variados y de calidad. Por ejemplo, tenga en cuenta que es mejor una buena codorniz que un entrecôte mediocre, y que hay carnes que tienen un precio asequible, caso de las aves de corral, el pavo, el pato, el cerdo y ciertos cortes de ternera o de buey.

— Además, siempre puede hacer una excepción, y un día determinado optar por un buen entrecôte.

— A la hora de comprar existe la opción o bien de comprar la carne ya cortada y envasada, o bien que el carnicero corte la carne delante de usted, con lo cual contará con una carne más fresca.

— En el caso de la carne picada sucede lo mismo: o bien se puede comprar carne envasada (incluso ya en forma de hamburguesas) o bien pedir que el carnicero la pique al instante.

¿Cómo cocinar la carne?

— Cada tipo de carne requiere de su técnica y de su punto de cocción. Pero existe lo que podríamos denominar una «ecuación del fuego», en la que entran en juego 4 parámetros:

- La potencia del fuego, que tiene que ser fuerte.
- La cantidad de aceite, que debe ser mínima.
- El grosor de la sartén. Cuanto más gruesa sea una sartén, mejor se repartirá el calor por toda la superficie, al no llegar directamente del fuego.
- La cantidad de carne que se cuece a la vez, que no debe ser excesiva en relación con la superficie de la sartén. Si ponemos demasiada carne en una sartén pequeña, esta se enfría enseguida. Por el mismo motivo es conveniente que la carne que ponemos a cocer esté a temperatura ambiente.

— Si se respeta esta fórmula, las posibilidades de éxito a la hora de cocinar la carne son mucho más altas.

Posibles guarniciones

— Para acompañar la carne puede optar por muchas guarniciones, como, por ejemplo:

- Verduras a la parrilla: calabacín, patata, pimiento, etc.
- Verduras hervidas: coliflor, patata, col, etc.
- Verduras al horno: patata, berenjena, cebolla, etc.
- Verduras fritas: aros de cebolla, rodajas de berenjena, etc.
- Ensaladas
- Setas salteadas o a la plancha
- Arroz hervido al natural
- Arroz condimentado a su gusto
- Patatas fritas / chips

— Recuerde que también puede aprovechar algunas de las recetas que en el libro aparecen como entrantes:

- Escalibada
- Polenta
- Cogollos con vinagreta

¿Cómo hacer unas buenas patatas fritas?

— ¿Y las patatas fritas? Se suele considerar que hacer patatas es pesado. En este libro no las hemos incluido en ningún menú, pero recuerde que mucha gente las considera la guarnición por excelencia.

- Para obtener las mejores patatas fritas, después de cortarlas, lavarlas y secarlas se tienen que sumergir en abundante aceite caliente (a unos 140 °C) para pocharlas, es decir, para que se vayan cociendo sin que se coloreen. Esta operación se puede hacer con antelación y reservar las patatas, sobre papel absorbente y a temperatura ambiente.

- En el último momento se sumergen en aceite muy caliente (a unos 180 °C) para que queden bien doradas y crujientes.

¿CÓMO COCINAR LOS HUEVOS?

— Algunos de los platos que aparecen en este libro se pueden acompañar con un huevo. Existen diferentes maneras de cocinar un alimento tan versátil, como también son muchos los usos: solo, en sopa fría o caliente, en ensalada, con un guiso de legumbres, etc.

— En cuanto a los métodos de cocción, el más sencillo y conocido es el huevo frito. Una variante de esta manera tradicional consiste en eliminar, una vez frito, una buena parte de la clara para quedarnos prácticamente solo con la yema.

— También se puede hacer un huevo pasado por agua, hirviéndolo 3 minutos, para que el interior quede líquido.

— Otro método clásico es el huevo poché o escalfado, que consiste en sumergir un huevo en agua muy caliente pero no hirviendo a la que se ha añadido un chorrito de vinagre, durante unos 3-4 minutos, de modo que la clara se mantenga pegada alrededor de la yema.

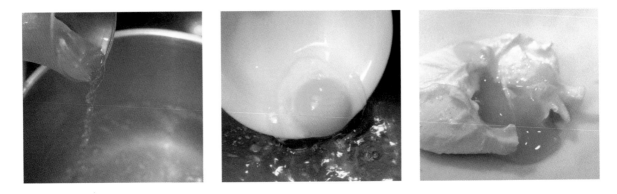

— Por último, si dispone de un Roner o un horno a vapor, existe una manera fantástica de cocer los huevos, lo que en japonés se denomina *onsen tamago*. Este nombre designa una cocción que se realiza en Japón sumergiendo los huevos en aguas termales a una temperatura de unos 60-70 °C.

— Esta cocción a baja temperatura se ha adoptado en Occidente con la ayuda de los aparatos citados, con los que se suelen cocer los huevos 40 minutos a 63 °C. Sin duda es una de las formas más sorprendentes y maravillosas de comer un huevo, que ha llegado a muchos restaurantes de todo el mundo.

— Para comprobar si un huevo está fresco, sumérjalo en agua. Si se queda en el fondo del recipiente en posición horizontal, es que está fresco. Si se eleva su punta más gruesa, ya no está tan fresco y, cuanto más se eleve, menos fresco estará. Si llega a flotar es mejor desecharlo.

CONSEJOS SOBRE HIERBAS AROMÁTICAS, ESPECIAS Y CONDIMENTOS

— Las **hierbas aromáticas** son un ingrediente muy atractivo en cocina, ya que permiten modificar o matizar el sabor de un plato con una cantidad relativamente pequeña.

— Existen tres maneras de disponer de hierbas frescas:

• Puede tener una serie de macetas en su cocina o cerca de ella, con las hierbas frescas más usuales. Este método requiere, obviamente, unos cuidados mínimos: regarlas con delicadeza, recortarlas, etc. Esta es la manera que aconsejamos, pues además de ser una solución económica representa el mejor modo de contar con todo el frescor de las hierbas.

• Puede comprar barquetas de hierbas frescas en el supermercado o en un colmado.

• También es posible disponer de manojos frescos que generalmente se adquieren en los mercados, sobre todo cuando tenga que utilizar cantidades importantes.

— Las hierbas frescas que se han utilizado para realizar las recetas de este libro son:

• Albahaca
• Cebollino
• Cilantro
• Menta
• Perejil
• Romero
• Tomillo

— Hay otra posibilidad para contar con el sabor y el aroma de las hierbas, y consiste en utilizarlas secas. Se trata de una opción práctica porque se puede contar con estas hierbas todo el año, y además existe una larga tradición de uso de algunos de estos productos secos.

— En nuestras recetas aparecen las siguientes:

• Laurel
• Orégano
• Romero
• Tomillo

— No hay ningún alimento que tenga tanta potencia gustativa y olfativa como las **especias**. Se trata de productos que, como es sabido, se consideraron una mercancía preciosa durante siglos, justamente por esta facultad de modificar o potenciar sabores.

— Las especias tienen la ventaja, con respecto a las hierbas frescas, de que se pueden guardar muy cómodamente en la despensa. Aun así, es interesante adquirir formatos pequeños para que no pierdan aroma ni frescor con el tiempo.

— Por su parte, los **condimentos**, que no pertenecen a la familia de las especias, comparten con estas la facultad de incidir fuertemente en el sabor, hasta el punto de otorgar un carácter inequívoco a las elaboraciones y platos.

— En este libro aparecen las siguientes especias y condimentos:

Especias	Salsas y condimentos
5 especias	Achiote
Anís verde	Chile habanero
Azafrán	Guindilla
Canela	Mostaza antigua
Clavo	Mostaza de Dijon
Comino	Miso rojo
Especias Ras el Hanout	Pasta de curry amarillo
Especias sichimi togarashi	Pasta de mole rojo
Nuez moscada	Salsa de ostras
Pimentón dulce	Salsa de soja
Pimienta blanca	Salsa Worcester
Pimienta negra	
Vainilla	

— Las especias y condimentos constituyen un campo de experimentación muy atractivo. Atrévase a inventar, y a cambiar, probar, modificar, porque cada especia dará un gusto diferente a sus elaboraciones.

CONSERVAR LOS ALIMENTOS EN EL HOGAR

— La carne debe guardarse en la parte más fría de la nevera. La carne picada puede estropearse antes que los cortes de carne enteros, ya que presenta mayor superficie de contacto con el aire. A la hora de guardarla en la nevera, las bolsas y los papeles de la compra ya no sirven. Utilice recipientes de plástico con tapa para que los olores no se mezclen y evitar así que el frío reseque la carne.

— Una vez se abre el envase de un producto, el período de seguridad varía de acuerdo con el alimento y la temperatura a la cual se ha almacenado. Como regla general, un producto fresco abierto solo se puede conservar durante 2 o 3 días a la temperatura adecuada.

— Transfiera siempre el contenido de las latas abiertas a otros recipientes.

— Las frutas y verduras pueden perder sus propiedades una vez cortadas o rebanadas. Recuerde no guardar las verduras en bolsas de plástico u otros envoltorios que puedan acortar su vida.

— Los menús que ofrecemos en este libro están pensados para que no sobre nada, o muy poco. En el caso de algunos guisos, la cantidad que ofrecemos puede hacer posible que queden ciertas cantidades que posteriormente se puedan utilizar.

A la hora de congelar

— Etiquete todas las elaboraciones, productos y recetas base que quiera congelar. Anote también la fecha de congelación.

— Los congelados tienen que estar bien envueltos para preservar las propiedades del alimento y evitar que adquieran olores extraños.

— Congele los productos y las elaboraciones en porciones pequeñas, pensando en las cantidades que necesitará para cocinar los menús.

— Descongele y limpie el congelador periódicamente para asegurarse de que funciona correctamente.

— Cada alimento tiene una vida útil diferente una vez congelado. En general no es recomendable guardar ningún producto durante más de 6 meses. Vaya renovando las existencias.

— No todos los productos soportan la congelación al mismo nivel. Por ejemplo, los guisantes y las habas apenas pierden cualidades, al contrario que las alcachofas y el calabacín.

— Recuerde sacar del congelador las preparaciones el día antes de tener que utilizarlas. Para descongelar la mayor parte de productos, déjelos en un plato dentro de la nevera.

APARATOS Y UTENSILIOS

Los indispensables para los 31 menús

— Los **aparatos** funcionan con una fuente de energía externa (gas, electricidad, etc.) y pueden tener motor o no tenerlo.

Horno-grill para asar y gratinar.

Horno de microondas para calentar y también para cocer.

La cocina puede ser de gas o eléctrica.

Nevera y congelador.

Balanza de precisión.

Vaso americano o batidor eléctrico (túrmix) para picar, batir, etc.

— Los **utensilios** no tienen fuente de energía externa.

Cuchillos de cocina de diferentes tamaños.

Abrelatas, tijeras de cocina.

Tabla de corte.

Sartenes antiadherentes para una cocción limpia.

Moldes de diferentes tamaños (de silicona o metálicos).

Mortero para hacer picadas, salsas, etc.

- Coladores de diferentes tamaños y grosores.
- Varillas para batir o montar.
- Rallador para queso, pieles de cítricos, etc.

Papel absorbente de cocina.

Papel film de plástico transparente.

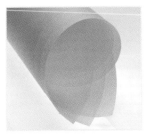

Papel de aluminio.

Papel para cocción en horno.

Cazuelas.

Ollas y cazos.

Olla a presión.

Fuentes de horno.

Otros aparatos y utensilios

Licuadora para jugos de frutas y verduras.

La máquina cortafiambres permite obtener las láminas más finas.

MyCook, un vaso americano que permite cocer.

Picadora para triturar alimentos.

Con el sifón de soda se pueden hacer bebidas con gas.

El sifón ISI de N$_2$O, es ideal para espumas, mousses y salsas ligeras.

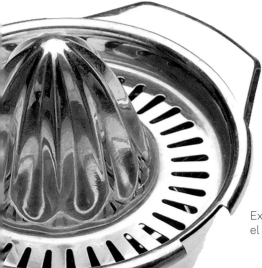

Exprimidor para obtener el zumo de los cítricos.

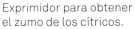

Silpat, un papel de horno que no se quema.

Vaso para medir
capacidades.

La mandolina es el sustituto
perfecto para cortar frutas y
verduras sin esfuerzo.

El dosificador de salsas es muy
útil para salsear y guardar.

Rallador para obtener
una textura única.

Molinillo para moler
pimienta.

Máquina para estirar pasta.

Soplete para quemar.

Espatulina, ideal para emplatar.

Lengua para cremas, masas, etc.

Pinzas para manipular alimentos.

LAS COCCIONES

— Existen muchos tipos de cocciones, pero las básicas son apenas una decena. Con ellas se pueden hacer multitud de platos de todo tipo.

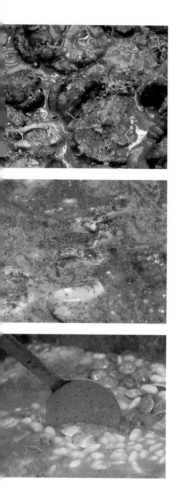

Guisar / estofar: Una de las cocciones más características de la zona mediterránea, así como una de las técnicas más prácticas para cocinar para un número elevado de comensales. Consiste en poner a cocer en una salsa una serie de productos previamente rehogados con el fin de que sus aromas y sabores se mezclen.

Pollo al mole rojo (pág. 80)

Arroz a la mexicana (pág. 82)

Cordero a la mostaza y menta (pág. 102)

Judías con chirlas (pág. 110)

Sanfaina con bacalao (pág. 112)

Risotto al azafrán con láminas de champiñón (pág. 140)

Muslos de pavo a la catalana (pág. 142)

Ossobuco a la milanesa (pág. 162)

Ternera guisada al curry thai (pág. 192)

Arroz caldoso de cangrejos (pág. 212)

Pescadilla en salsa verde (pág. 242)

Suquet de caballa (pág. 262)

Arroz negro con sepia (pág. 282)

Guisantes con jamón (pág. 290)

Garbanzos con espinacas y huevo (pág. 310)

Mejillones a la marinera (pág. 340)

Arroz de pato (pág. 352)

Lentejas guisadas con salmón (pág. 362)

Carrilleras de ternera al vino tinto y mostaza (pág. 372)

Fideos caldosos con mejillones (pág. 384)

Rustir: Esta técnica consiste en sofreír a fuego lento en una cazuela un producto con aromatizantes (ajo, hierbas aromaticas, especias, etc.). En ocasiones, al final se añaden vinos o bebidas alcohólicas para caramelizar. Se trata en cierto modo de un guiso en seco puesto que, mientras que el guiso se moja, en esta cocción no se añade ni agua ni caldo en cantidades significativas.

Alitas de pollo al ajillo con setas (pág. 182)

Butifarra «esparracada» (pág. 332)

Plancha / Sartén: Se trata de cocer, dorar o marcar un alimento en una plancha o una sartén muy calientes, sin aceite o con poquísima cantidad.

Pescado del día a la plancha con refrito de ajos (pág. 92)

Sardinas al sésamo con ensalada de zanahoria (pág. 122)

Lomo de cerdo a la plancha con pimiento asado (pág. 132)

Salchichas con salsa de tomate (pág. 152)

Jurel con vinagreta mediterránea (pág. 172)

Magret de pato con chimichurri (pág. 232)

Hamburguesa con queso y patatas chips (pág. 252)

Cogollos a la plancha con vinagreta de menta (pág. 370)

Freír: Esta técnica consiste en sumergir un producto o una elaboración en aceite caliente. Entre estos 31 menús no hay muchas elaboraciones fritas, pues se precisa demasiado aceite.

Huevo frito con espárragos (pág. 180)

Montadito de bacalao y pimiento verde (pág. 302)

Asar al horno: Consiste en cocinar un producto (carne, pescado, verduras, incluso frutas) en el horno, generalmente a alta temperatura.

Manzana al horno con nata montada (pág. 114)

Berenjena asada con vinagreta de miso (pág. 150)

Cochinita pibil (pág. 222)

Patatas y cebollas asadas con romesco (pág. 240)

Costillas de cerdo con salsa barbacoa (pág. 272)

Pollo a l'ast con patatas paja (pág. 292)

Panceta de cerdo glaseada con salsa teriyaki (pág. 312)

Boniato asado con miel y nata (pág. 314)

Codornices con cuscús a la marroquí (pág. 322)*

Lubina al horno (pág. 342)

Escalibada (pág. 360)**

* La cocción de las codornices se hace al grill.
** La escalibada original se hace a la parrilla.

Hornear: Consiste en introducir una elaboración en el horno, dulce o salada, enmoldada o no, para que se cocine.

Coquitos (pág. 134)

Almendrados (pág. 174)

Tarta de Santiago (pág. 254)

Cookies de chocolate (pág. 264)

Tarta de chocolate (pág. 354)

Gratinar: Técnica que se realiza introduciendo una elaboración en la gratinadora para que se dore la parte superior, generalmente con queso.

Polenta al parmesano (pág. 120)

Coliflor gratinada con bechamel (pág. 270)

Hervir: Esta técnica consiste en sumergir en agua o en un caldo un alimento y dejar que el líquido hierva hasta que dicho alimento esté cocido. Uno de los productos que precisan de esta cocción es la pasta. He aquí unos trucos para obtener la mejor cocción:

- La proporción adecuada de pasta y agua es la siguiente:

	Para 2	Para 6	Para 20	Para 75
Pasta	200 g	600 g	2 kg	7,5 kg
Agua	1,5 l	3,5 l	10 l	25 l

- La pasta tiene que echarse en el agua en el momento de máxima ebullición y se debe remover enseguida. Una vez que el agua vuelve a hervir, la cocción debe continuar sin la tapa de la cazuela.

- La proporción de sal que seguimos en elBulli es del 1 %.

Espaguetis con tomate y albahaca (pág. 90)

Lazos al pesto (pág. 200)

Noodles (pág. 230)

Macarrones a la boloñesa (pág. 260)

Cintas a la carbonara (pág. 300)

Patatas y judías con espuma de chantilly (pág. 320)

Al vapor: Esta técnica consiste en cocer un producto gracias a la acción del vapor.

Dorada al vapor a la japonesa (pág. 202)

Tocinillo de cielo con nata al ron (pág. 344)

Otros

Peras caramelizadas con helado de frambuesa (pág. 324)

3/ Qué necesitamos
INGREDIENTES QUE HAY QUE TENER
Despensa

— Lo ideal para elaborar estos menús sería contar con una despensa bien surtida. Para ello puede ir a comprar ya algunos de estos alimentos básicos, que irá completando a medida que cocina los distintos menús. En la despensa puede guardar los productos que tienen una caducidad relativamente prolongada.

5 especias
Anís verde
Azafrán
Canela en polvo
Clavo
Comino
Guindillas
Nuez moscada en polvo
Pimentón dulce
Pimienta blanca
Pimienta negra
Vainilla

Bolsita de hierbas para pollo asado
Laurel seco
Orégano seco
Romero seco en rama
Tomillo seco

Ajos
Cebollas
Patatas

Alcaparras en vinagre
Pepinillos en vinagre

Judías cocidas
Lentejas cocidas

Maíz en conserva
Tomate natural triturado

Sal
Sal en escamas

Shitake seco

Arroz
Cuscús de trigo
Polenta de maíz

Cintas al huevo
Espaguetis
Fideos n.º 5
Lazos
Macarrones
Noodles

Azúcar
Azúcar lustre
Azúcar moreno
Miel
Miel de caña

Almidón de maíz
Harina de almendra cruda
Harina de trigo
Maicena exprés
Tortitas de maíz

Picatostes

Copos de patata

Filetes de anchoa

Salsa de tomate

Patatas chips
Patatas paja

Chocolate blanco
Chocolate negro
Cacao en polvo

Café soluble

Coco rallado
Leche de coco

Caramelos balsámicos duros
Caramelos de miel duros

Cargas N$_2$O para sifón

Achiote
Dashi en polvo
Especias marroquíes Ras el Hanout
Especias sichimi togarashi
Mayonesa
Miso rojo
Pasta de aceituna negra
Pasta de mole rojo
Salsa barbacoa
Salsa de ostras
Salsa de soja
Salsa teriyaki
Salsa tipo Worcester

Almendras garrapiñadas enteras
Almendras marcona tostadas enteras
Avellanas garrapiñadas
Ciruelas pasas
Granillo de almendra cruda
Nueces peladas crudas
Pasas
Piñones
Pistachos verdes repelados
Sésamo blanco
Sésamo blanco tostado

Aceite de girasol
Aceite de oliva 0,4º
Aceite de oliva virgen extra
Aceite de sésamo tostado

Mostaza antigua
Mostaza de Dijon

Vinagre de jerez
Vinagre de vino blanco
Vinagre de vino tinto

Brandy
Cointreau
Coñac
Kirsch
Licor anisado tipo pastís
Ron blanco
Vino blanco
Vino chino (shaoxing)
Vino rancio
Vino tinto

Nevera

— En la nevera puede guardar los productos frescos que requieren de una temperatura más baja para prolongar su caducidad sin que se estropeen.

Huevos

Leche entera
Mantequilla
Nata líquida 35 % m. g.
Parmesano rallado
Queso en lonchas
Yogur natural

Bacon ahumado
Salchichas de Frankfurt

Salsa chimichurri

Lima
Limón
Mandarinas
Manzana Golden
Naranja

Congelador

— El congelador es el lugar ideal para conservar durante meses elaboraciones que puede utilizar en varios de los menús.

RECETAS BASE
Caldo de jamón
Caldo de pescado
Caldo de pollo
Caldo de ternera

ELABORACIONES CASERAS
Picada
Salsa boloñesa
Salsa de tomate
Salsa pesto
Salsa romesco
Sofrito

PRODUCTOS
Espinacas
Guisantes
Helado de turrón
Helado de vainilla
Tinta de calamar

RECETAS BASE, LA *MISE EN PLACE*

— En el ámbito profesional se practica la *mise en place*, que consiste en tener preparadas de antemano todas las elaboraciones posibles en el momento de comenzar a cocinar.

— Las recetas base que presentamos en las siguientes páginas tienen la función de facilitarle la realización de los menús.

— Piense que **estas recetas base se pueden hacer en casa, pero también se pueden comprar.** La elección dependerá del tiempo que tenga para cocinar, del dinero que se quiera gastar, del valor que le dé al hecho de que una preparación sea casera, etc.

— Hemos señalado ya que la mayor diferencia entre la cocina doméstica y la del mundo profesional radica en que en este último se realiza la *mise en place*, y ya indicamos que sería bueno poder llegar a organizarse en casa para adaptar esta filosofía. Las recetas base tienen este objetivo: facilitarle el hecho de contar ya con las elaboraciones más largas de preparar.

— Se trata, pues, de una *mise en place* a la medida del hogar, con un gran aliado, el congelador, donde podrá guardar estas preparaciones tras dividirlas en raciones lógicas para los menús.

— Dado que el día en que elabore una receta base la tendrá que hacer a propósito, sería interesante hacer **la mayor cantidad posible.** Lógicamente, en casa nos limita el espacio para almacenar, así como el tamaño de las ollas, pero siempre podemos usar más de una.

— Algunas salsas se pueden comprar hechas, intentando que sean de la mejor calidad. Por ejemplo, el romesco casero o el pesto sin pasteurizar. Los caldos, por su parte, ofrecen varias opciones, como se explica más adelante.

— Una buena opción podría ser la de comprar unos cuantos litros de un caldo o una elaboración base a un restaurante de confianza, siempre que sea posible.

— En el **mundo profesional**, las recetas base no se congelan solo para la comida de la familia, sino que también se emplean a veces para platos del servicio. Estas elaboraciones se suelen guardar envasadas al vacío y en el congelador.

— **No olvide** sacar del congelador el día antes la preparación que necesitará para elaborar un menú.

¿Cómo se pueden guardar las elaboraciones?

- En cubiteras (picada y sofrito).

- En chupitos (picada y sofrito).

- Bolsas con cierre pequeñas (picada, sofrito, caldos y salsas).

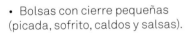

- Botellas de plástico y recipientes de plástico herméticos (caldos y salsas).

LOS CALDOS

— Las primeras recetas base que encontrará en este libro corresponden a los caldos que necesitará para elaborar los menús. Para cada uno de estos tipos de caldo existen 3 opciones. Como ya señalábamos al hablar de las recetas base, la elección le corresponde a usted:

• En primer lugar está la pastilla de **caldo concentrado**, que le permite obtener un caldo instantáneo sumergiéndola en agua hirviendo. A veces se refuerza con concentrados de carne. Este procedimiento para obtener el caldo no siempre es apreciado, y, de hecho, causa rechazo en algunos sectores, que lo consideran poco natural. Aun así, es una opción válida, que tiene a su favor un precio mucho más reducido y la facilidad con que se realiza.

• La segunda opción la constituyen los **caldos envasados** en Tetra Brik, y que a su vez pueden ser de dos tipos: a) un caldo concentrado como el de la primera opción, diluido, y b) un caldo obtenido de forma natural, y simplemente envasado. Esta última es mejor aunque también, obviamente, la de precio más alto.

• La tercera opción es la más compleja, y también la de más calidad: consiste en **elaborar el caldo en casa**, siguiendo la receta que indicamos.

— Para elaborar un caldo en casa nos encontramos con la limitación del tamaño de las ollas, que suelen ser de unos 9 l. En un momento dado, contar con 2 o 3 ollas puede ser interesante.

• La idea de que los caldos se tienen que hervir durante mucho tiempo no tiene ninguna base: a partir de un momento dado no puede extraerse nada más de la materia sólida y solo reduciríamos el caldo.

• Por regla general es interesante no hervirlos mucho, con lo cual es conveniente utilizar una buena cantidad de sustancia, es decir, de los ingredientes que darán sabor al caldo.

• De este modo, con una olla de 9 l podrá obtener aproximadamente unos 5 o 6 l de caldo, que luego puede congelar de medio litro en medio litro.

CALDO DE PESCADO

INGREDIENTES	Para 3 l
Pescado para sopa	1,7 kg
Cangrejos	400 g
Aceite de oliva 0,4°	25 ml
Agua	4 l

ELABORACIÓN

1. Ponga en una olla el aceite de oliva a calentar. Añada los cangrejos y rehóguelos bien.
2. Incorpore el pescado.
3. Añada el agua y ponga a hervir.
4. Una vez llegue a ebullición, saque las impurezas de la superficie.
5. Deje cocer durante 20 minutos y páselo por un colador fino.

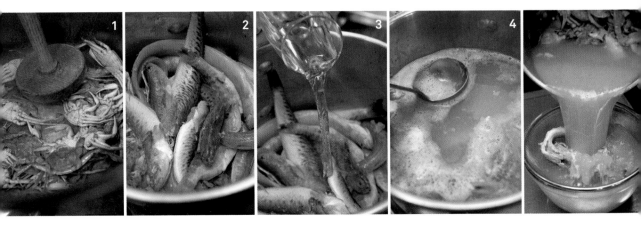

APARECE EN LAS RECETAS...

Judías con chirlas (pág. 110)

Arroz caldoso de cangrejos (pág. 212)

Suquet de caballa (pág. 262)

Arroz negro con sepia (pág. 282)

Lentejas guisadas con salmón (pág. 362)

Fideos caldosos con mejillones (pág. 384)

AYUDA

— Para elaborar el caldo compre pescado a un precio asequible. Es preferible usar pescado de roca, que es más gustoso. También puede comprar espinas y cabezas de pescado.

CALDO DE POLLO

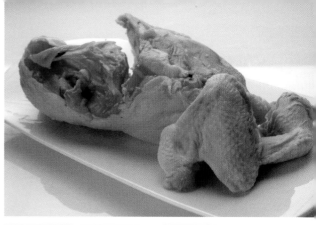

INGREDIENTES	Para 2 l
Carcasa de pollo limpia	1,2 kg (3 carcasas)
Cebolla	130 g
Zanahoria	80 g
Apio	40 g
Agua	5 l

ELABORACIÓN

1. Pele las zanahorias y las cebollas. Parta las cebollas por la mitad.
   Ponga las carcasas, las zanahorias, el apio y las cebollas en una olla.
2. Añada el agua. Ponga a hervir.
3. Una vez llegue a ebullición, saque las impurezas de la superficie.
4. Deje cocer durante 1½ hora.
5. Pase por un colador fino.

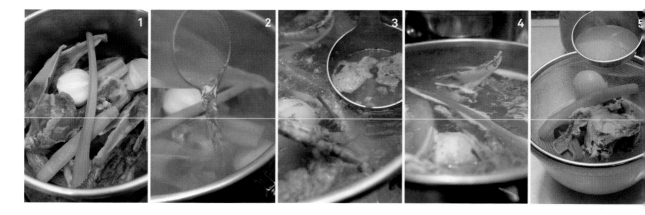

APARECE EN LAS RECETAS...

Vichyssoise (pág. 100)

Risotto al azafrán con láminas de champiñón (pág. 140)

Sopa de pan y ajo (pág. 220)

Garbanzos con espinacas y huevo (pág. 310)

Arroz de pato (pág. 352)

AYUDA

— Para hacer el repaso del caldo, añada 2 l de agua y déjelo hervir 45 minutos. Una vez colado se obtendrán 800 ml de caldo.

CALDO DE TERNERA

INGREDIENTES	Para 2 l
Huesos de ternera	2,7 kg
Carne de ternera (jarrete, recortes, etc.)	1 kg
Cebolla	130 g
Zanahoria	80 g
Apio	40 g
Agua	5 l

ELABORACIÓN

1. Pele las zanahorias y las cebollas. Corte las cebollas por la mitad.
   Ponga los huesos y la carne de ternera, las zanahorias, el apio y las cebollas en una olla.
2. Añada el agua. Ponga a hervir.
3. Una vez llegue a ebullición, saque las impurezas de la superficie.
4. Deje cocer durante 2½ horas.
5. Pase por un colador fino.

APARECE EN LAS RECETAS...

Ossobuco a la milanesa (pág. 162)

AYUDA

— Para hacer el repaso del caldo, añada 2 l de agua y déjelo hervir 45 minutos. Una vez colado se obtendrán 800 ml de caldo.

CALDO DE JAMÓN

INGREDIENTES	Para 2 l
Huesos de jamón	1,3 kg
Agua	4 l

ELABORACIÓN

1. Retire las posibles partes rancias de los huesos de jamón.
   Ponga los huesos en una olla y añada el agua. Ponga a hervir.
2. Una vez llegue a ebullición, saque las impurezas de la superficie.
3. Deje cocer durante 1¼ hora.
4. Pase por un colador fino.
5. Una vez reposado retire la grasa de la superficie.

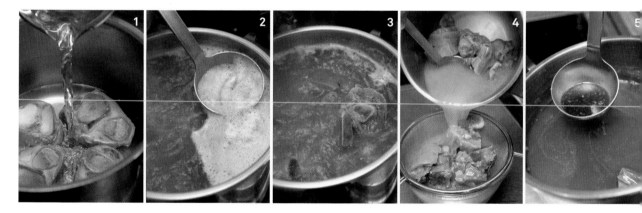

AYUDA

— Para hacer el repaso del caldo, añada 2 l de agua y déjelo hervir 45 minutos. Una vez colado se obtendrá 1 l de caldo.

APARECE EN LAS RECETAS...

Guisantes con jamón (pág. 290)

LAS PREPARACIONES BÁSICAS

PICADA

INGREDIENTES	Para 100 g	Para 500 g
Perejil deshojado	25 g	125 g
Aceite de oliva 0,4°	40 ml	200 ml
Azafrán en hebras	0,5 g	2,5 g
Ajo pelado	1 diente	30 g
Avellanas tostadas peladas	35 g	175 g

ELABORACIÓN

1. Envuelva las hebras de azafrán con papel de aluminio y tuéstelas ligeramente encima de una sartén durante 2 segundos, procurando no quemarlas.
2. En un recipiente ponga el ajo pelado y el perejil deshojado y limpio.
3. Añada las hebras de azafrán tostadas.
4. Incorpore el aceite de oliva 0,4°. Triture con la ayuda de un batidor eléctrico hasta conseguir una pasta granulosa.
5. Añada las avellanas y siga triturando hasta conseguir una mezcla homogénea y con gránulos finos.

APARECE EN LAS RECETAS...

Judías con chirlas (pág. 110)

Arroz caldoso de cangrejos (pág. 212)

Arroz negro con sepia (pág. 282)

Sopa de pescado (pág. 330)

Arroz de pato (pág. 352)

Lentejas guisadas con salmón (pág. 362)

Fideos caldosos con mejillones (pág. 384)

AYUDA

— Las avellanas se pueden sustituir por otros frutos secos; por ejemplo, almendras.

SOFRITO

INGREDIENTES	Para 100 g	Para 350 g	Para 1 kg
Tomate triturado en conserva	2 cucharadas	225 g	800 g
Aceite de oliva 0,4º	1 cucharada	120 ml	400 ml
Ajo	1 diente	40 g	140 g
Cebolla	300 g	1 kg	3,2 kg
Tomillo seco en rama	1 pizca	1 g	3 g
Romero seco en rama	1 pizca	1g	3 g
Laurel en hoja seco	¼ de hoja	0,5 g	1,5 g
Sal	1 pizca	2 g	8 g

ELABORACIÓN

1. Triture el ajo con un batidor eléctrico. Dórelo en una cazuela con aceite de oliva.
2. Triture la cebolla y póngala a dorar junto al ajo.
3. Baje el fuego, añada las hierbas aromáticas y remueva para evitar que se pegue.
4. Añada ⅘ partes del tomate triturado cuando la cebolla presente un color marrón.
5. Deje cocer el tomate y ponga a punto de sal. Añada la quinta parte restante de tomate y deje cocer 30 minutos más.

APARECE EN LAS RECETAS...

Judías con chirlas (pág. 110)

Arroz caldoso de cangrejos (pág. 212)

Arroz negro con sepia (pág. 282)

Sopa de pescado (pág. 330)

Arroz de pato (pág. 352)

Lentejas guisadas con salmón (pág. 362)

Fideos caldosos con mejillones (pág. 384)

CEBOLLA POCHADA

INGREDIENTES

6 kg de cebolla
500 ml de aceite de oliva 0,4º
Sal

1. Ponga la cebolla cortada en juliana en una cacerola con aceite caliente.

2. Deje cocer a fuego lento hasta que quede bien caramelizada.

LAS SALSAS

SALSA DE TOMATE

INGREDIENTES	Para 230 g	Para 2,30 kg	Para 8 kg
Tomate triturado en conserva	350 g	3,5 kg	12 kg
Aceite de oliva 0,4°	120 ml	1,2 l	4 l
Pimienta negra	1 pizca	6 g	20 g
Ajo	½ diente	25 g	75 g
Cebolla	½ cucharada	175 g	500 g
Sal	1 pizca	30 g	100 g
Azúcar	1 pizca	30 g	100 g

ELABORACIÓN

1. Rehogue el ajo y poco después la cebolla con el aceite de oliva en un cazo bien caliente.
2. Añada el tomate y deje reducir a una tercera parte.
3. Ponga a punto de sal, azúcar y pimienta.
4. Pase por un colador.

APARECE EN LAS RECETAS...

Espaguetis con tomate y albahaca (pág. 90)

Salchichas con salsa de tomate (pág. 152)

Ossobuco a la milanesa (pág. 162)

SALSA BOLOÑESA

INGREDIENTES	Para 2,5 kg	Para 8 kg
Aceite de oliva 0,4°	150 l	500 g
Apio	150 g	500 g
Zanahoria	400 g	1,5 kg
Cebolla	500 g	1,75 kg
Tomate triturado en conserva	1,6 kg	5,25 kg
Mantequilla	225 g	800 g
Carne picada de cerdo	350 g	1,3 kg
Carne de ternera picada	1,2 kg	4 kg
Concentrado de tomate	12 g	40 g
Sal	—	—
Pimienta negra	—	—
Azúcar	—	—

ELABORACIÓN

1. Limpie, pele y corte en dados pequeños las cebollas y el apio. Pele y corte las zanahorias en dados pequeños.
2. Rehogue estos ingredientes en una cazuela con aceite de oliva.
3. Caliente la mantequilla en una olla y rehogue las dos carnes a punto de sal y pimienta. Retire la carne de la olla.
4. Añada la carne a la verdura, mézclelo todo bien. Añada el tomate triturado y el concentrado de tomate. Ponga a punto de sal, azúcar y pimienta.
5. Cueza al horno a 180 °C durante 1½ hora, tapado con papel de aluminio.

APARECE EN LAS RECETAS...

Macarrones a la boloñesa (pág. 260)

SALSA ROMESCO

INGREDIENTES	Para 3,75 kg	Para 12 kg
Pulpa de pimiento choricero	350 g	750 g
Vinagre de jerez	150 ml	400 ml
Pan de hogaza en rebanadas	300 g	900 g
Avellanas tostadas repeladas	350 g	1 kg
Ajo	1 kg	1,7 kg
Tomate rojo	2,5 kg	8 kg
Aceite de oliva 0,4º	1,2 l	4,5 l
Sal	—	—
Pimienta negra	—	—

ELABORACIÓN

1. Ase los tomates enteros y las cabezas de ajo en el horno a 200 ºC durante unos 45 minutos.
2. Pasado este tiempo pele los tomates.
3. Saque la carne de los ajos asados.
4. Fría las avellanas en una sartén con un poco de aceite.
5. Fría las rebanadas de pan.
6. En un recipiente junte todos los ingredientes menos el aceite.
7. Triture con la ayuda de un batidor eléctrico hasta obtener una pasta no muy refinada.
8. Añada el aceite mezclando con una espátula, y ponga a punto de sal y pimienta negra recién molida.

APARECE EN LAS RECETAS...

Patatas y cebollas asadas
con romesco (pág. 240)

SALSA PESTO

INGREDIENTES	Para 1,6 kg	Para 6 kg
Albahaca fresca deshojada	425 g	1,6 kg
Ajo	20 g	75 g
Piñones silvestres	90 g	325 g
Queso pecorino rallado	40 g	150 g
Parmesano rallado	180 g	650 g
Aceite de oliva virgen extra	140 ml	525 ml
Aceite de oliva 0,4°	425 ml	1,6 l
Sal	—	—

ELABORACIÓN

1. Ponga a hervir una olla con agua y escalde las hojas de albahaca durante 5 segundos. Escurra y enfríe en un recipiente con agua y hielo
2. Escurra la albahaca escaldada, apretando en primer lugar con las manos y luego dejándola reposar en papel absorbente de cocina.
3. Pele los ajos, córtelos por la mitad y extraiga el germen central. Blanquee una vez en agua.
4. Corte la albahaca con un cuchillo. Junte la albahaca cortada, los piñones crudos, los ajos blanqueados y los aceites, y triture en el batidor eléctrico. No tiene que quedar un puré fino, sino granuloso.
5. Añada poco a poco los quesos, removiendo sin parar. Ponga a punto de sal.

APARECE EN LAS RECETAS...

Lazos al pesto (pág. 200)

AYUDA

— La albahaca se escalda para que su color sea más vivo y para que no se oxide. *Escaldar* consiste en sumergir un producto unos segundos en agua hirviendo.

— El ajo se blanquea para que no repita y su sabor no sea tan fuerte. *Blanquear* significa sumergir un producto en agua fría, calentar hasta que hierva y sumergirlo luego en agua con hielo.

SALSA TERIYAKI

INGREDIENTES	Para 1 kg	Para 4 kg
Salsa de soja	400 g	1,5 kg
Caldo de pollo (pág. 55)	400 ml	1,5 l
Cidronela	75 g	200 g
Jengibre	30 g	100 g
Azúcar	600 g	2 kg
Miel	400 g	1,5 kg

ELABORACIÓN

1. Machaque la cidronela.
2. Machaque el jengibre.
3. En una olla disponga el caldo de pollo, la salsa de soja y el azúcar.
4. Añada la miel.
5. Incorpore el jengibre y la cidronela machacados.
6. Hierva a fuego medio durante 15 minutos. Cuele y guarde.

APARECE EN LAS RECETAS...

Panceta de cerdo glaseada con salsa teriyaki (pág. 312)

SALSA BARBACOA

INGREDIENTES	Para 1,5 kg	Para 4 kg
Cebolla	1,2 kg	4 kg
Ajo	15 g	50 g
Cidronela	30 g	100 g
Jengibre fresco	65 g	250 g
Naranjas	450 g	1,5 kg
Aceite de girasol	30 ml	100 ml
Azúcar moreno	270 g	900 g
Miel	120 g	400 g
Melaza	120 g	400 g
Vinagre de jerez	150 ml	500 ml
Tomate triturado en conserva	1,2 kg	4 kg
Ketchup	800 g	3 kg
Mostaza de Dijon	60 g	200 g
Salsa Worcester	15 g	50 g
Sal	4 g	14 g
Pimienta negra	1 g	3 g

ELABORACIÓN

1. Pele las cebollas y córtelas en dados de 1 cm. Pele y pique los ajos. Machaque la cidronela y el jengibre y córtelos en trozos pequeños. Exprima las naranjas y cuele el zumo obtenido.
2. Dore la cebolla en una olla con el aceite de girasol. Una vez dorada añada el ajo picado y deje dorar de nuevo.
3. Añada el jengibre y la cidronela cortados y dore todo el conjunto.
4. Incorpore el azúcar moreno, la miel y la melaza y deje caramelizar durante 3 minutos.
5. Añada el zumo de naranja y el vinagre y prosiga la cocción, hasta que empiece a hervir.
6. Añada la mostaza, la salsa Worcester y el ketchup.
7. Añada el tomate triturado y deje cocer durante 30 minutos.
8. Pasado este tiempo ponga a punto de sal y pimienta y cuele la salsa obtenida.

APARECE EN LAS RECETAS...

Costillas de cerdo con salsa barbacoa (pág. 272)

SALSA CHIMICHURRI

INGREDIENTES	Para 3,5 kg	Para 7 kg
Perejil fresco	150 g	300 g
Tomillo seco	5 g	10 g
Ajo	100 g	200 g
Pimentón dulce	12 g	25 g
Guindillas pequeñas	2 u.	4 u.
Aceite de oliva 0,4º	750 ml	1,5 l
Vinagre de jerez	125 ml	250 ml
Agua	750 ml	1,5 l
Orégano seco	25 g	50 g
Cebolla	375 g	750 g
Tomate maduro	1,5 kg	3 kg
Limón	1 u.	2 u.
Comino en polvo	2 g	5 g
Sal gorda	35 g	75 g
Aceite de girasol	500 ml	1 l
Vinagre de vino blanco tipo chardonnay	250 ml	500 ml

ELABORACIÓN

1. Pele y pique las cebollas en dados de unos 0,2 cm. Pele y pique los ajos. Deshoje y pique el perejil.
2. Despepite los tomates y corte la pulpa en daditos de unos 0,2 cm. Pique las guindillas eliminando la semilla.
3. Junte todos los ingredientes en un recipiente y mezcle bien.
4. Ralle la piel de los limones con la ayuda de un rallador.
5. Caliente el agua y añada a la mezcla.

APARECE EN LAS RECETAS...

Magret de pato con chimichurri (pág. 232)

AYUDA

— Esta salsa puede servir para acompañar todo tipo de carnes asadas o a la plancha e incluso algún pescado o verdura.

SALSA ALIOLI

INGREDIENTES

8 huevos
1,250 l de aceite de oliva 0,4°
5 dientes de ajo
Sal

ELABORACIÓN

1. Pele los ajos y retire el germen central.
2. Triture los ajos junto a los huevos y la sal, con la ayuda de un batidor eléctrico.
3. Vaya añadiendo poco a poco el aceite y emulsione con la ayuda de un batidor eléctrico.

OTROS

PICATOSTES

Picatostes fritos

INGREDIENTES

Rebanadas de pan de hogaza
Aceite de oliva 0,4°

ELABORACIÓN

1. Corte las rebanadas de pan en dados de 1,5 cm de lado.
2. Fría en el aceite sin que se quemen los dados de pan.
3. Escurra bien y deposite los picatostes sobre papel absorbente.

Picatostes tostados

INGREDIENTES

Rebanadas de pan de hogaza

ELABORACIÓN

1. Corte las rebanadas de pan en dados de 1,5 cm de lado.
2. Extienda los dados de pan en una bandeja de horno.
3. Tueste los picatostes en el grill del horno.

4/ Los menús

LOS PASOS A SEGUIR PARA HACER CADA MENÚ

1. Decidir el menú.

MENÚ
19

/ MACARRONES
A LA BOLOÑESA

// SUQUET DE CABALLA

/// COOKIES DE CHOCOLATE

2. Leer las recetas atentamente.

SUQUET DE CABALLA

1 Limpie las caballas, quite la cabeza, tripas y punta de la cola. Corte cada cuerpo en dos trozos.

2 Pele y corte las patatas en trozos de unos 3 cm.

3 Deshoje y pique los ajo y deje que su encima de un

4 Dore el ajo en una cazuela con el aceite. Cuando empiece a dorarse añada la mitad del perejil. Seguidamente añada el tomate y deje cocer 5 minutos.

5 Añada el pimentón, rehogue y añada las patatas. Moje con la mitad del caldo y cueza 20 minutos.

6 Ponga la ca sal y pimienta cazuela primer grandes, y luego

AYUDA

INGREDIENTES	PARA CASA		PROFESIONAL	
	PARA 2 PERSONAS	PARA 6 PERSONAS	PARA 20	PARA 75
EN EL MERCADO				
CABALLA DE 350 G	1 u.	3 u.	10 u.	38 u.
PEREJIL FRESCO (picado)	2 cucharadas	4 cucharadas	85 g	325 g
TOMATE MADURO (rallado)	2 cucharadas	6 cucharadas	1 kg (en rama)	4 kg (en rama)
EN LA NEVERA				
ALIOLI (pág. 67)	½ cucharada	1 cucharada	100 g	300 g
EN EL CONGELADOR				
CALDO DE PESCADO (pág. 54)	400 g	¼ l		

3. Estudiar la lista de la compra y de despensa.

INGREDIENTES PARA EL MENÚ

EN EL MERCADO
TOMATE MADURO
PEREJIL FRESCO
CABALLA DE 350 G

EN LA NEVERA
PARMESANO RALLADO
MANTEQUILLA
ALIOLI (pág. 67)
HUEVOS

EN EL CONGELADOR
CALDO DE PESCADO (pág. 54)
SALSA BOLOÑESA (pág. 61)

EN LA DESPENSA
PATATAS NUEVAS
MACARRONES
AJO
PIMENTÓN DULCE
. VAINILLA EN RAMA
5 ESPECIAS
CHOCOLATE
CHOCOLATE BLANCO Y NEGRO
MAICENA EXPRÉS
HARINA DE TRIGO
CAFÉ SOLUBLE
ACEITE DE OLIVA VIRGEN EXTRA
ACEITE DE OLIVA 0.4°

AZÚCAR
SAL
PIMIENTA NEGRA

2
A continu
ingredien

3
45 minuto
siguiendo

5
Ponga el agua para la pasta a hervir.

6
10 minutos antes cueza la pasta y
caliente la salsa boloñesa.

7
Termine el s

8
Sirva los macarrones con la
boloñesa encima y el parmesano
rallado aparte.

9

4. Ir a comprar lo necesario.

5. Seguir el orden de ejecución.

— Para realizar la mayoría de los menús se necesitan entre 30 minutos y 1½ hora. Hay menús variados: los hay para el fin de semana, que requieren más elaboración, y otros para comer entre semana. Lo más laborioso suele ser el postre; sin él, el tiempo de elaboración raras veces excede de 30 minutos.

— Los ingredientes se han pensado para 75 personas (como el equipo de elBulli) o para 20, que puede ser más normal como cifra de personal de un restaurante

— Para casa ofrecemos las proporciones para 2 y 6 personas.

ÍNDICE **MENÚS**

SEMANA 1

SEMANA 2

SEMANA 3

SEMANA 4

SEMANA 5

MENÚ **01**	PÁGINA 75

GUACAMOLE CON NACHOS

POLLO AL MOLE ROJO CON ARROZ A LA MEXICANA

SANDÍA CON CARAMELO BALSÁMICO

MENÚ **02**	PÁGINA 87

ESPAGUETIS CON TOMATE Y ALBAHACA

PESCADO DEL DÍA A LA PLANCHA CON REFRITO DE AJOS

ESPUMA DE CARAMELO

MENÚ **03**	PÁGINA 97

VICHYSSOISE

CORDERO A LA MOSTAZA Y MENTA

TRUFAS DE CHOCOLATE

MENÚ **04**	PÁGINA 107

JUDÍAS CON CHIRLAS

SANFAINA CON BACALAO

MANZANA AL HORNO CON NATA MONTADA

MENÚ **05**	PÁGINA 117

POLENTA AL PARMESANO

SARDINAS AL SÉSAMO CON ENSALADA DE ZANAHORIA

MANGO CON YOGUR AL CHOCOLATE BLANCO

MENÚ **06**	PÁGINA 127

TORTILLA DE PATATAS CHIPS

LOMO DE CERDO A LA PLANCHA CON PIMIENTO ASADO

COQUITOS

MENÚ **07**	PÁGINA 137

RISOTTO AL AZAFRÁN CON LÁMINAS DE CHAMPIÑÓN

MUSLOS DE PAVO A LA CATALANA

ESPUMA DE YOGUR CON FRESAS

MENÚ **08**	PÁGINA 147

BERENJENA ASADA CON VINAGRETA DE MISO

SALCHICHAS CON SALSA DE TOMATE

CREMA CATALANA

MENÚ **09**	PÁGINA 157

TIRADITO DE CORVINA

OSSOBUCO A LA MILANESA

PIÑA COLADA

MENÚ **10**	PÁGINA 167

SOPA DE MISO CON CHIRLAS

JUREL CON VINAGRETA MEDITERRÁNEA

ALMENDRADOS

MENÚ **11**	PÁGINA 177

HUEVO FRITO CON ESPÁRRAGOS

ALITAS DE POLLO AL AJILLO CON SETAS

SANGRÍA DE FRUTAS

MENÚ **12**	PÁGINA 187

ENSALADA ALEMANA

TERNERA GUISADA AL CURRY THAI

FRESAS CON VINAGRE

MENÚ **13**	PÁGINA 197

LAZOS AL PESTO

DORADA AL VAPOR A LA JAPONESA

MANDARINA CON COINTREAU Y HELADO DE VAINILLA

MENÚ **14**	PÁGINA 207

ENSALADA DE TOMATE CON ALBAHACA

ARROZ CALDOSO DE CANGREJOS

FLAN DE COCO

MENÚ **15**	PÁGINA 217

SOPA DE PAN Y AJO

COCHINITA PIBIL

HIGOS CON NATA AL KIRSCH

MENÚ 16	PÁGINA 227
NOODLES	
MAGRET DE PATO CON CHIMICHURRI	
NATILLAS DE PISTACHO	

MENÚ 17	PÁGINA 237
PATATAS Y CEBOLLAS ASADAS CON ROMESCO	
PESCADILLA EN SALSA VERDE	
ARROZ CON LECHE	

MENÚ 18	PÁGINA 247
ENSALADA CÉSAR	
HAMBURGUESA CON QUESO Y PATATAS CHIPS	
TARTA DE SANTIAGO	

MENÚ 19	PÁGINA 257
MACARRONES A LA BOLOÑESA	
SUQUET DE CABALLA	
COOKIES DE CHOCOLATE	

MENÚ 20	PÁGINA 267
COLIFLOR GRATINADA CON BECHAMEL	
COSTILLAS DE CERDO CON SALSA BARBACOA	
PLÁTANO A LA LIMA	

MENÚ 21	PÁGINA 277
GAZPACHO	
ARROZ NEGRO CON SEPIA	
PAN CON CHOCOLATE Y ACEITE DE OLIVA	

MENÚ 22	PÁGINA 287
GUISANTES CON JAMÓN	
POLLO A L'AST CON PATATAS PAJA	
PIÑA, MIEL Y LIMA	

MENÚ 23	PÁGINA 297
CINTAS A LA CARBONARA	
MONTADITO DE BACALAO Y PIMIENTO VERDE	
SOPA DE ALMENDRA CON HELADO DE TURRÓN	

MENÚ 24	PÁGINA 307
GARBANZOS CON ESPINACAS Y HUEVO	
PANCETA DE CERDO GLASEADA CON SALSA TERIYAKI	
BONIATO ASADO CON MIEL Y NATA	

MENÚ 25	PÁGINA 317
PATATAS Y JUDÍAS CON ESPUMA DE CHANTILLY	
CODORNICES CON CUSCÚS A LA MARROQUÍ	
PERAS CARAMELIZADAS CON HELADO DE FRAMBUESA	

MENÚ 26	PÁGINA 327
SOPA DE PESCADO	
BUTIFARRA «ESPARRACADA»	
NARANJAS CON MIEL, ACEITE DE OLIVA Y SAL	

MENÚ 27	PÁGINA 337
MEJILLONES A LA MARINERA	
LUBINA AL HORNO	
TOCINILLO DE CIELO CON NATA AL RON	

MENÚ 28	PÁGINA 347
MELÓN CON JAMÓN	
ARROZ DE PATO	
TARTA DE CHOCOLATE	

MENÚ 29	PÁGINA 357
ESCALIBADA	
LENTEJAS GUISADAS CON SALMÓN	
CREMOSO DE CHOCOLATE BLANCO	

MENÚ 30	PÁGINA 367
COGOLLOS A LA PLANCHA CON VINAGRETA DE MENTA	
CARRILLERAS DE TERNERA AL VINO TINTO Y MOSTAZA CON PURÉ DE PATATA	
MOUSSE DE CHOCOLATE CON AVELLANAS GARRAPIÑADAS	

MENÚ 31	PÁGINA 379
ENSALADA WALDORF	
FIDEOS CALDOSOS CON MEJILLONES	
SOPA DE MELÓN A LA MENTA CON POMELO ROSA	

FAMILIA	SUBFAMILIA	RECETA	SEMANA	MENÚ	PÁG.
Entrantes fríos	Ensaladas	Ensalada alemana	2	12	190
		Ensalada César	3	18	250
		Ensalada de tomate con albahaca	2	14	210
		Ensalada Waldorf	5	31	382
		Melón con jamón	4	28	350
		Tiradito de corvina	2	9	160
	Sopas	Gazpacho	3	21	280
		Vichyssoise	1	3	100
	Verduras	Guacamole con nachos	1	1	78
Entrantes calientes	Arroces y pastas	Cintas a la carbonara	4	23	300
		Espaguetis con tomate y albahaca	1	2	90
		Lazos al pesto	2	13	200
		Macarrones a la boloñesa	3	19	260
		Noodles	3	16	230
		Polenta al parmesano	1	5	120
		Risotto al azafrán con láminas de champiñón	1	7	140
	Huevos	Huevo frito con espárragos	2	11	180
		Tortilla de patatas chips	1	6	130
	Legumbres	Garbanzos con espinacas y huevo	4	24	310
		Judías con chirlas	1	4	110
	Moluscos	Mejillones a la marinera	4	27	340
	Sopas	Sopa de miso con chirlas	2	10	170
		Sopa de pan y ajo	3	15	220
		Sopa de pescado	4	26	330
	Verduras	Berenjena asada con vinagreta de miso	2	8	150
		Cogollos a la plancha con vinagreta de menta	5	30	370
		Coliflor gratinada con bechamel	3	20	270
		Escalibada	5	29	360
		Guisantes con jamón	4	22	290
		Patatas y cebollas asadas con romesco	3	17	240
		Patatas y judías con espuma de chantilly	4	25	320
Segundos	Arroces y pastas	Arroz caldoso de cangrejos	2	14	212
		Arroz de pato	4	28	352
		Arroz negro con sepia	3	21	282
		Fideos caldosos con mejillones	5	31	384
	Carnes	Alitas de pollo al ajillo con setas	2	11	182
		Butifarra «esparracada»	4	26	332
		Carrilleras de ternera al vino tinto y mostaza con puré de patata	5	30	372
		Cochinita pibil	3	15	222
		Codornices con cuscús a la marroquí	4	25	322
		Cordero a la mostaza y menta	1	3	102
		Costillas de cerdo con salsa barbacoa	3	20	272
		Hamburguesa con queso y patatas chips	3	18	252
		Lomo de cerdo a la plancha con pimiento asado	1	6	132
		Magret de pato con chimichurri	3	16	232
		Muslos de pavo a la catalana	1	7	142

FAMILIA	SUBFAMILIA	RECETA	SEMANA	MENÚ	PÁG.
Segundos	Carnes	Ossobuco a la milanesa	2	9	162
		Panceta de cerdo glaseada con salsa teriyaki	4	24	312
		Pollo a l'ast con patatas paja	4	22	292
		Pollo al mole rojo con arroz a la mexicana	1	1	80
		Salchichas con salsa de tomate	2	8	152
		Ternera guisada al curry thai	2	12	192
	Guisos de pescado	Lentejas guisadas con salmón	5	29	362
		Suquet de caballa	3	19	262
	Pescados	Dorada al vapor a la japonesa	2	13	202
		Jurel con vinagreta mediterránea	2	10	172
		Lubina al horno	4	27	342
		Montadito de bacalao y pimiento verde	4	23	302
		Pescadilla en salsa verde	3	17	242
		Pescado del día a la plancha con refrito de ajos	1	2	92
		Sanfaina con bacalao	1	4	112
		Sardinas al sésamo con ensalada de zanahoria	1	5	122
Postres	Cremosos y sopas	Crema catalana	2	8	154
		Espuma de caramelo	1	2	94
		Flan de coco	2	14	214
		Natillas de pistacho	3	16	234
		Sopa de almendra con helado de turrón	4	23	304
	Chocolate	Cookies de chocolate	3	19	264
		Cremoso de chocolate blanco	5	29	364
		Mousse de chocolate con avellanas garrapiñadas	5	30	376
		Pan con chocolate y aceite de oliva	3	21	284
		Tarta de chocolate	4	28	354
		Trufas de chocolate	1	3	104
	Frutas	Fresas con vinagre	2	12	194
		Higos con nata al kirsch	3	15	224
		Mandarina con Cointreau y helado de vainilla	2	13	204
		Mango con yogur al chocolate blanco	1	5	124
		Manzana al horno con nata montada	1	4	114
		Naranjas con miel, aceite de oliva y sal	4	26	334
		Peras caramelizadas con helado de frambuesa	4	25	324
		Piña colada	2	9	164
		Piña, miel y lima	4	22	294
		Plátano a la lima	3	20	274
		Sandía con caramelo balsámico	1	1	84
		Sangría de frutas	2	11	184
		Sopa de melón a la menta con pomelo rosa	5	31	386
	Lácteos	Arroz con leche	3	17	244
		Espuma de yogur con fresas	1	7	144
	Masas y tartas	Almendrados	2	10	174
		Coquitos	1	6	134
		Tarta de Santiago	3	18	254
	Repostería clásica	Tocinillo de cielo con nata al ron	4	27	344
	Otros	Boniato asado con miel y nata	4	24	314

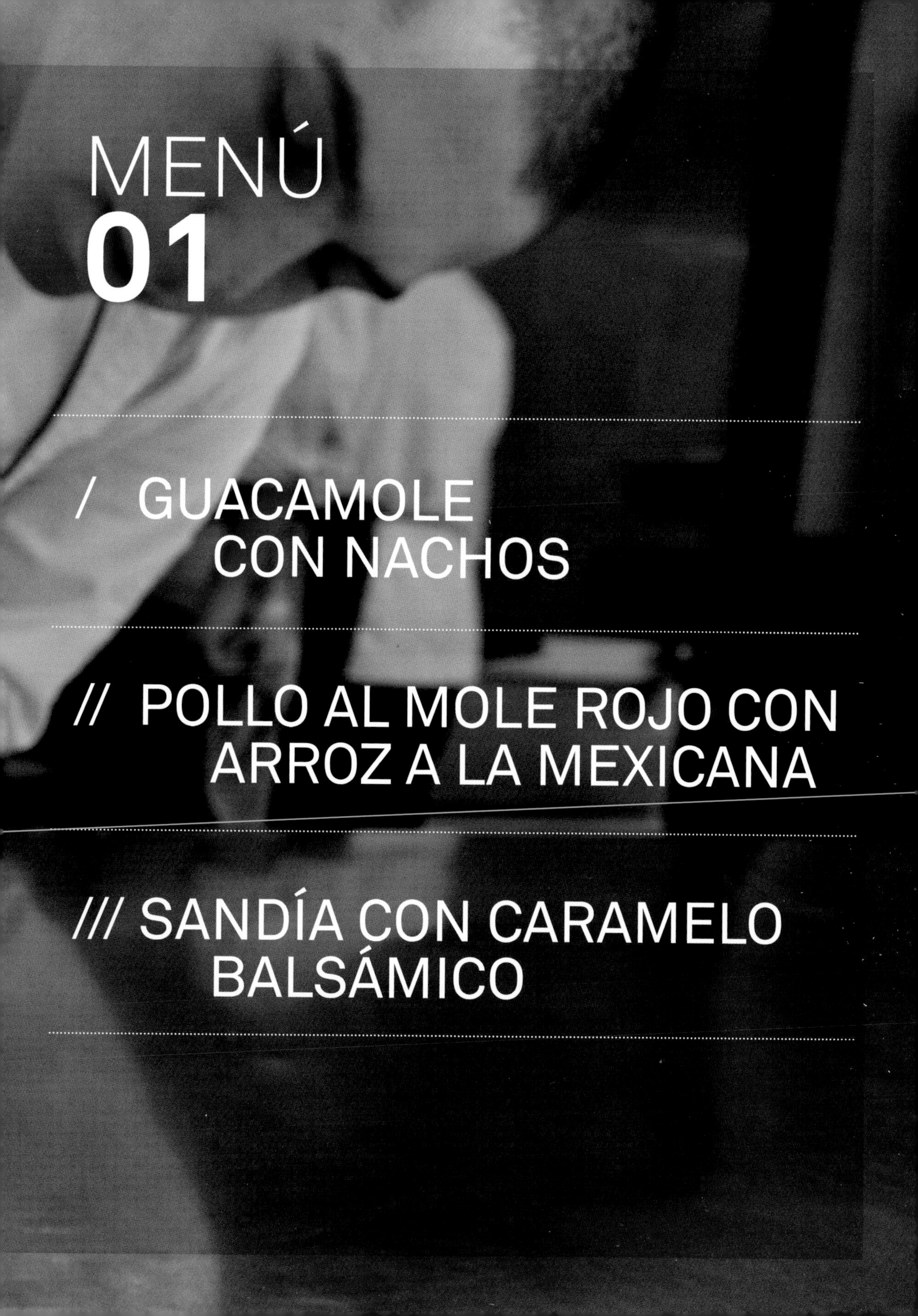

MENÚ
01

/ GUACAMOLE
  CON NACHOS

// POLLO AL MOLE ROJO CON
   ARROZ A LA MEXICANA

/// SANDÍA CON CARAMELO
    BALSÁMICO

INGREDIENTES PARA EL MENÚ

EN EL MERCADO
- TOMATE MADURO
- AGUACATE
- SANDÍA
- CILANTRO FRESCO*
- MUSLOS DE POLLO

EN LA NEVERA
- LIMÓN
- MANTEQUILLA

EN LA DESPENSA
- CEBOLLA
- MAÍZ EN CONSERVA
- ARROZ
- NACHOS
- PASTA DE MOLE ROJO
- SÉSAMO BLANCO TOSTADO
- CARAMELOS BALSÁMICOS DUROS
- ACEITE DE OLIVA 0,4º
- AZÚCAR
- SAL
- PIMIENTA NEGRA

El cilantro se utiliza para el guacamole, el pollo y el arroz.

CÓMO ORGANIZARSE

DURACIÓN ESTIMADA **1¼ horas**

GUACAMOLE
CON NACHOS

POLLO
AL MOLE ROJO

ARROZ
A LA MEXICANA

SANDÍA
CON CARAMELO
BALSÁMICO

1
Cueza los muslos de pollo. Haga la salsa de mole, salsee y cueza al horno durante 30 minutos.

2
Mientras tanto, corte el tomate y pique la cebolla y el cilantro por separado para el guacamole y el arroz.

3
Prepare la sandía y póngala a macerar. Guárdela en la nevera. Machaque el caramelo balsámico.

4
20 minutos antes de comer, cocine el arroz a la mexicana.

5
Mientras se cuecen el arroz y el pollo, termine el guacamole y sírvalo en un cuenco con los nachos aparte.

6
Ponga los muslos en una fuente, salséelos y esparza el sésamo blanco tostado por encima.

7
3 minutos antes de comer, ponga a punto el arroz con la mantequilla, el maíz y el cilantro.

8
En el momento de comer el postre disponga los trozos de sandía escurridos en una fuente, con el caramelo aparte.

GUACAMOLE CON NACHOS

INGREDIENTES	PARA CASA		PROFESIONAL	
	PARA 2 PERSONAS	PARA 6 PERSONAS	PARA 20	PARA 75
EN EL MERCADO				
AGUACATE	1 u.	3 u.	2 kg	7 kg
TOMATE MADURO (picado)	1 cucharada	3 cucharadas	400 g	1,3 kg
CILANTRO FRESCO (picado)	2 cucharadas	6 cucharadas	30 g	100 g
EN LA NEVERA				
LIMÓN (zumo)	2 cucharadas	6 cucharadas	150 ml	500 ml
EN LA DESPENSA				
CEBOLLA (picada)	1½ cucharada	4½ cucharadas	120 g	600 g
NACHOS	1 bolsa pequeña (100 g aprox.)	1 bolsa grande (250 g aprox.)	750 g	2,5 kg
SAL	—	—	3 g	10 g

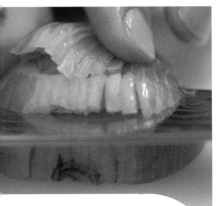

1 Con la ayuda de un cuchillo haga una cruz en la parte inferior de cada tomate.

2 Escalde los tomates en agua hirviendo durante 10 segundos y enfríelos en agua con hielo, pele y corte en daditos.

3 Deshoje el cilantro y pique las hojas bien finas.

4 Pele y pique la cebolla. Exprima los limones y cuele el zumo obtenido.

5 Corte los aguacates por la mitad, saque el hueso y con una cuchara saque la carne.

6 Póngalos en un recipiente y macháquelos con la ayuda de un batidor de mano.

7 Añada el tomate, la cebolla y el cilantro picados.

8 Incorpore el zumo de limón, mezcle y ponga a punto de sal.

9 Sirva el guacamole acompañado con los nachos en un bol aparte.

AYUDA

— Para 2 o 6 personas es ideal hacer el guacamole en un mortero, que es el método que se utiliza tradicionalmente.

— En casa no es necesario escaldar el tomate, ya que se puede pelar cómodamente en crudo.

POLLO AL MOLE ROJO

INGREDIENTES	PARA CASA		PROFESIONAL	
	PARA 2 PERSONAS	PARA 6 PERSONAS	PARA 20	PARA 75
EN EL MERCADO				
MUSLOS DE POLLO	2 u.	6 u.	20 u.	75 u.
CILANTRO FRESCO	2 ramas	6 ramas	30 g	100 g
EN LA DESPENSA				
PASTA DE MOLE ROJO	100 g	300 g	1 kg	3,5 kg
SÉSAMO BLANCO TOSTADO	1 cucharada	3 cucharadas	60 g	200 g
SAL	—	—	4 g	40 g
AGUA	1 l	3 l	9 l	30 l

1 Ponga a cocer los muslos de pollo cubiertos con agua a punto de sal y el cilantro entero para aromatizar. Cueza a fuego lento durante 45 minutos.

2 Una vez cocidos, escúrralos y colóquelos en una bandeja de horno. Cuele el caldo, que se usará para la salsa y el arroz mexicano.

3 Caliente la pasta de mole en una olla hasta que se funda. Añada una tercera parte del caldo de pollo y guarde el resto para el arroz mexicano.

4 Deje hervir 15 minutos, hasta obtener una salsa de mole fluida. (La textura deseada se acabará de conseguir en el horno.)

5 Salsee los muslos con la salsa de mole en la bandeja de horno. Ponga a cocer en el horno 30 minutos a 160 ºC. La salsa resultante debe ser consistente y sabrosa.

6 Disponga los muslos en una fuente de servicio. Salséelos y esparza el sésamo blanco tostado por encima.

AYUDA

— Para el mundo profesional ligue la salsa de mole rojo triturando 0,6 g de xantana por cada litro de salsa. Por ejemplo, para 75 personas (es decir, para 16 l de salsa) usaríamos 10 g de xantana.

ARROZ A LA MEXICANA

INGREDIENTES	PARA CASA		PROFESIONAL	
	PARA 2 PERSONAS	PARA 6 PERSONAS	PARA 20	PARA 75
EN EL MERCADO				
CILANTRO FRESCO (picado)	2 cucharadas	6 cucharadas	120 g	400 g
EN LA NEVERA				
MANTEQUILLA	15 g	50 g	150 g	500 g
EN LA DESPENSA				
ARROZ	150 g	450 g	1,5 kg	5 kg
CEBOLLA	½ u.	1½ u.	400 g	1,2 kg
ACEITE DE OLIVA 0,4º	3 cucharadas	9 cucharadas	150 ml	500 ml
MAÍZ EN CONSERVA	50 g	150 g	225 g	800 g
CALDO DE HERVIR EL POLLO	500 ml	1,5 l	5 l	16 l
SAL	—	—	—	—
PIMIENTA NEGRA	—	—	—	—

1 Caliente el caldo de pollo.

2 Triture con un batidor eléctrico la cebolla pelada y la mitad del cilantro.

3 Pique el resto del cilantro.

4 Rehogue durante 1 minuto en una cazuela el arroz con el aceite de oliva a fuego medio.

5 Incorpore al arroz la cebolla y el cilantro triturados, y sofría 2 minutos. Moje con el caldo y deje cocer 20 minutos. Vaya removiendo para que no se pegue. Ponga a punto de sal.

6 Cuando el arroz esté casi cocido (al cabo de unos 17 minutos), añada el maíz previamente escurrido.

7 Apague el fuego, incorpore la mantequilla y mezcle hasta conseguir un arroz cremoso.

8 Añada el cilantro picado y ponga a punto de sal y pimienta.

AYUDA

— Para el mundo profesional, podemos pasar la cebolla y el cilantro por una licuadora para obtener un jugo que añadiremos posteriormente al sofreír el arroz.

— Esta guarnición puede servirse como primer plato, añadiendo unas láminas de aguacate sobre el arroz.

SANDÍA CON CARAMELO BALSÁMICO

INGREDIENTES	PARA CASA		PROFESIONAL	
	PARA 2 PERSONAS	PARA 6 PERSONAS	PARA 20	PARA 75
EN EL MERCADO				
SANDÍA	2 gajos	½ u.	1½ u.	5 u.
EN LA NEVERA				
LIMÓN (zumo)	½ u.	1½ u.	300 g	1 kg
EN LA DESPENSA				
AZÚCAR	30 g	90 g	300 g	1 kg
CARAMELOS BALSÁMICOS DUROS	4 u.	12 u.	200 g	750 g

1 Exprima los limones, cuele el zumo y añada al azúcar.

2 Ponga los caramelos entre dos papeles de horno y macháquelos con la ayuda de un rodillo u otro utensilio.

3 Corte la sandía en trozos de 4 cm, sin piel.

4 Ponga los trozos de sandía a macerar en la mezcla de azúcar y zumo de limón 30 minutos.

5 Disponga los trozos de sandía escurridos encima de una fuente.

6 Sirva la fuente en la mesa con el caramelo balsámico picado al lado para que cada persona se sirva a su gusto.

AYUDA

— Si dispone de una máquina de vacío, ponga los gajos de sandía y la mezcla de jarabe y zumo de limón en una bolsa de vacío y envase. De este modo el jarabe penetrará mucho más en la fruta.

— Si quiere mantener los trozos de sandía bien frescos y mejorar la presentación de este postre, sírvalos encima de una fuente con hielo picado.

MENÚ
02

/ ESPAGUETIS CON
   TOMATE Y ALBAHACA

// PESCADO DEL DÍA
  A LA PLANCHA
  CON REFRITO DE AJOS

/// ESPUMA DE CARAMELO

INGREDIENTES PARA EL MENÚ

EN EL MERCADO
ALBAHACA FRESCA
PESCADO DEL DÍA DE 180 A 250 G

EN LA NEVERA
NATA LÍQUIDA 35 % M.G.
LECHE ENTERA
PARMESANO RALLADO
HUEVOS

EN EL CONGELADOR
SALSA DE TOMATE (pág. 60)

EN LA DESPENSA
AJO
ESPAGUETIS
ACEITE DE OLIVA VIRGEN EXTRA
ACEITE DE OLIVA 0,4°
VINAGRE DE JEREZ
AZÚCAR
SAL
SIFÓN ISI DE N_2O
CARGAS N_2O PARA SIFÓN

CÓMO ORGANIZARSE

DURACIÓN ESTIMADA **40 minutos**

ESPAGUETIS CON TOMATE Y ALBAHACA

PESCADO DEL DÍA A LA PLANCHA CON REFRITO DE AJOS

ESPUMA DE CARAMELO

1
2 horas antes de comer haga la base de la espuma, llene el sifón y póngalo en la nevera.

2
½ hora antes de comer ponga el agua a hervir para la pasta.

3
Limpie el pescado.

4
Ponga a punto la salsa de tomate.

5
Haga el refrito de ajos.

6
10 minutos antes de comer ponga a hervir los espaguetis.

7
5 minutos antes cocine el pescado a la plancha.

8
En el último momento escurra la pasta y termine los espaguetis con la salsa y la albahaca.

9
Disponga el pescado en la fuente y salsee con el refrito.

10
En el momento del postre sirva la espuma en el recipiente deseado.

ESPAGUETIS CON TOMATE Y ALBAHACA

INGREDIENTES	PARA CASA		PROFESIONAL	
	PARA 2 PERSONAS	PARA 6 PERSONAS	PARA 20	PARA 75
EN EL MERCADO				
ALBAHACA FRESCA	20 hojas	60 hojas	60 g	200 g
EN LA NEVERA				
PARMESANO RALLADO	30 g	90 g	600 g	2 kg
EN EL CONGELADOR				
SALSA DE TOMATE (pág. 60)	200 g	600 g	2 kg	7,5 kg
EN LA DESPENSA				
ESPAGUETIS	200 g	600 g	2 kg	7 kg
ACEITE DE OLIVA VIRGEN EXTRA	4 cucharadas	12 cucharadas	400 ml	1,5 l
SAL	—	—	—	—
AGUA (para hervir la pasta)	1,5 l	3,5 l	10 l	25 l

Nota: Ver página 47 para una óptima cocción de la pasta.

1 Caliente la salsa de tomate en una olla o en un cazo.

2 Deshoje la albahaca y guarde las hojas más bonitas para el acabado del plato. Rompa las demás en trozos irregulares.

3 Retire la salsa de tomate del fuego e incorpore las hojas de albahaca rotas. Deje infusionar durante 2 minutos.

4 Ponga a cocer los espaguetis en abundante agua hirviendo con sal durante 9 minutos.

5 Cuele y escurra la pasta. Es indispensable escurrir bien, puesto que de otro modo se aguaría la salsa. Añada el aceite de oliva a los espaguetis y remueva.

6 Sirva los espaguetis; ponga 4 cucharadas de salsa de tomate encima y las hojas de albahaca. Sirva el parmesano rallado aparte.

AYUDA

— No olvide sacar la salsa de tomate del congelador el día anterior. También puede emplear una salsa de tomate comercial de calidad.

— El aceite tiene la función de sazonar la pasta pero además, sobre todo con grandes cantidades, ayudará a que no se apelmacen los espaguetis.

PESCADO DEL DÍA A LA PLANCHA
CON REFRITO DE AJOS

INGREDIENTES	PARA CASA		PROFESIONAL	
	PARA 2 PERSONAS	PARA 6 PERSONAS	PARA 20	PARA 75
EN EL MERCADO				
PESCADO DEL DÍA DE 180 A 250 G	2 u.	6 u.	20 u.	75 u.
EN LA DESPENSA				
AJO	3 dientes	9 dientes	100 g	375 g
ACEITE DE OLIVA 0,4°	6 cucharadas	150 ml	650 ml	1,8 l
VINAGRE DE JEREZ	1 cucharada	3 cucharadas	110 ml	300 ml
SAL	—	—	15 g	50 g

1 Quite las aletas del pescado con la ayuda de unas tijeras, retire la cabeza y saque las vísceras.

2 Pele y corte los ajos en láminas finas.

3 Dore el ajo laminado en aceite de oliva sin que se queme, a partir del aceite frío y a fuego medio.

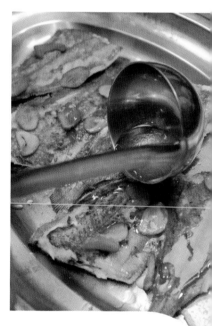

4 Deje atemperar un poco este aceite y añada el vinagre de jerez para obtener el refrito de ajos.

5 Cocine el pescado a punto de sal en la plancha o en una sartén grande con un poco de aceite. Debe quedar dorado y jugoso.

6 Sirva el pescado en el plato y reparta por encima el refrito y las láminas de ajo frito.

AYUDA

— Para cocinar en casa, pida al pescadero que le limpie el pescado.

— Para mantenerse dentro del presupuesto, el precio del kg de pescado debería oscilar entre los 6 y los 8 euros.

ESPUMA DE CARAMELO

INGREDIENTES

	PARA CASA	PROFESIONAL	
	PARA 1 SIFÓN DE ½ l*	PARA 20	PARA 75
EN LA NEVERA			
NATA LÍQUIDA 35 % M.G.	320 ml	640 ml	2,4 l
HUEVOS (yemas)	4 u.	225 g	720 g
LECHE ENTERA	90 ml	180 ml	600 ml
EN LA DESPENSA			
AZÚCAR	60 g	160 g	600 g
SIFÓN ISI DE N₂O	1 (de ½ l)	2 (de 1 l)	7 (de 1 l)
CARGAS N₂O PARA SIFÓN	2 u.	4 u.	14 u.

De un sifón de ½ l obtendremos de 6 a 8 raciones.

1 Ponga azúcar en un cazo a fuego lento sin dejar de remover hasta obtener un caramelo oscuro.

2 Añada la nata y la leche previamente calentadas y cueza 5 minutos a fuego lento, hasta conseguir una mezcla líquida y homogénea. Retire del fuego.

3 Separe las claras de las yemas. Incorpore poco a poco la mezcla de caramelo a las yemas.

4 Cueza sin dejar de remover con una espátula, a fuego lento sin que llegue a hervir. Pase la crema por un colador fino.

5 Llene el sifón y cargue con el aire. Deje enfriar en el frigorífico durante 2 horas.

6 Antes de servir agite el sifón y sirva la espuma en los recipientes elegidos.

AYUDA

— Es preferible que la leche y la nata que se añaden al azúcar estén calientes para que el caramelo se disuelva antes.

— Un truco fácil: para la base de la espuma puede emplear un helado de caramelo comercial descongelado y colado.

— Puede acompañar la espuma de caramelo con trocitos de toffee, salsa de caramelo, etc.

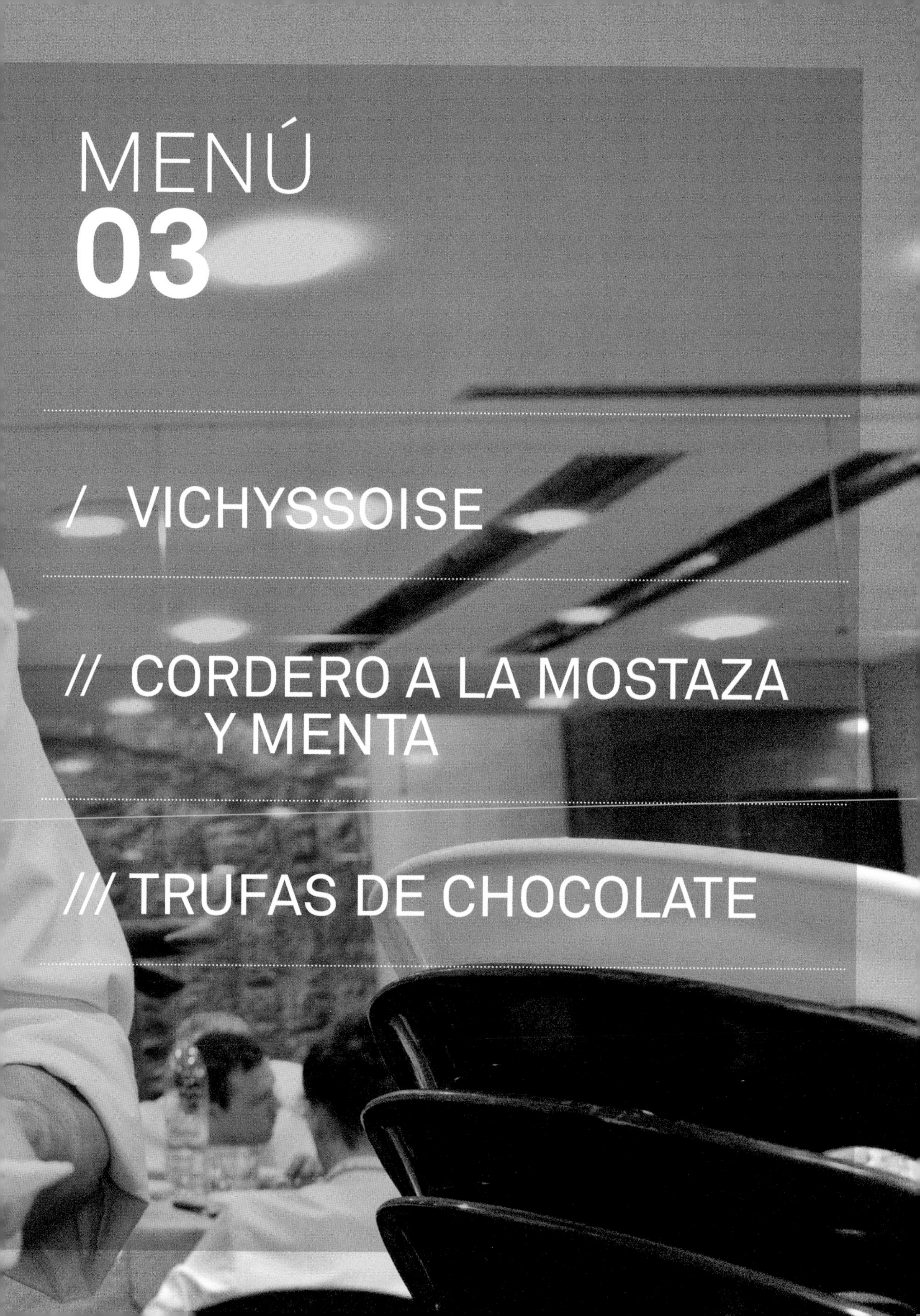

MENÚ
03

/ VICHYSSOISE

// CORDERO A LA MOSTAZA
Y MENTA

/// TRUFAS DE CHOCOLATE

INGREDIENTES PARA EL MENÚ

EN EL MERCADO
PUERRO
MENTA FRESCA
CUELLO DE CORDERO ENTERO

EN LA NEVERA
NATA LÍQUIDA 35 % M. G.
MANTEQUILLA
HUEVOS

EN EL CONGELADOR
CALDO DE POLLO (pág. 55)

EN LA DESPENSA
CEBOLLA
PATATA
PICATOSTES
CHOCOLATE
CACAO EN POLVO
MAICENA EXPRÉS
MOSTAZA ANTIGUA
SALSA WORCESTER
SALSA DE SOJA
COÑAC
ACEITE DE OLIVA 0,4º
SAL
PIMIENTA NEGRA

CÓMO ORGANIZARSE

DURACIÓN ESTIMADA **1½ horas**

VICHYSSOISE

CORDERO A LA MOSTAZA Y MENTA

TRUFAS DE CHOCOLATE

1
Ponga a cocer la vichyssoise siguiendo la receta.

2
Mientras tanto guise los cuellos de cordero.

3
Haga la masa de las trufas de chocolate y déjela enfriar.

4
Triture la vichyssoise y enfríela en la nevera.

5
Cueza el huevo para la vichyssoise a su gusto.

6
20 minutos antes de comer haga las trufas y dispóngalas en la fuente en la que las va a servir.

7
10 minutos antes termine la vichyssoise.

8
5 minutos antes termine los cuellos de cordero y sírvalos en la fuente, salseando y repartiendo la menta por encima.

9
Disponga la vichyssoise en el plato sopero con el huevo escogido y los picatostes en un cuenco aparte.

10
En el momento del postre sirva las trufas de chocolate.

VICHYSSOISE

INGREDIENTES	PARA CASA		PROFESIONAL	
	PARA 2 PERSONAS	PARA 6 PERSONAS	PARA 20	PARA 75
EN EL MERCADO				
PUERRO	1 u.	2 u.	1,1 kg	3,4 kg
EN LA NEVERA				
NATA LÍQUIDA 35 % M.G.	40 ml	240 ml	800 ml	3 l
HUEVOS	2 u.	6 u.	20 u.	75 u.
MANTEQUILLA	2 cucharadas	100 g	400 g	1,2 kg
EN EL CONGELADOR				
CALDO DE POLLO (pág. 55)	400 ml	1 l	2,5 l	8 l
EN LA DESPENSA				
CEBOLLA (pequeña)	½ u.	1 u.	330 g	1 kg
PATATA (mediana)	½ u.	200 g	800 g	2,6 kg
PICATOSTES	2 cucharadas	6 cucharadas	300 g	1 kg
PIMIENTA NEGRA	—	—	—	—
SAL	—	—	—	—

3 En una olla con la mantequilla, rehogue la cebolla sin que coja color. Añada el puerro y rehogue el conjunto.

1 Pele y chasque las patatas. Caliente el caldo de pollo.

2 Pele y corte la cebolla y el puerro en juliana.

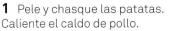

4 Añada las patatas chascadas y el caldo de pollo caliente. Tape la olla y cueza durante 30 minutos.

5 Entretanto cueza los huevos.

6 Triture la crema con un batidor eléctrico hasta conseguir una crema fina. Enfríe en la nevera. Una vez fría, añada la nata y ponga a punto de sal y pimienta.

7 Pele los huevos y manténgalos en agua tibia. Disponga la vichyssoise en los cuencos, con un huevo en medio y sirva los picatostes aparte.

— Para el mundo profesional, si dispone de un Roner o maquinaria similar puede cocer los huevos a 63 °C durante 40 minutos (ver pág. 35).

— Si lo desea puede aliñar la vichyssoise con aceite de oliva virgen extra.

CORDERO A LA MOSTAZA Y MENTA

INGREDIENTES	PARA CASA		PROFESIONAL	
	PARA 2 PERSONAS	PARA 6 PERSONAS	PARA 20	PARA 75
EN EL MERCADO				
CUELLO DE CORDERO ENTERO	1 u.	3 u.	10 u.	38 u.
MENTA FRESCA	8 ramas	1 barqueta	2 manojos	5 manojos
EN LA DESPENSA				
MOSTAZA ANTIGUA	1 cucharada	3 cucharadas	270 g	800 g
SALSA WORCESTER	1 cucharada	3 cucharadas	160 g	480 g
SALSA DE SOJA	1 cucharada	3 cucharadas	120 g	360 g
ACEITE DE OLIVA 0,4º	2 cucharadas	80 ml	270 ml	800 ml
SAL	—	—	—	—
MAICENA EXPRÉS	—	—	60 g	200 g
PIMIENTA NEGRA	—	—	—	—
AGUA	1 l	1,5 l	4,3 l	16 l

1   Deshoje la menta y pique la mitad de las hojas. El resto lo usaremos para guisar el cordero.

2   Repula los cuellos y córtelos por la mitad longitudinalmente. Es aconsejable que esta operación la realice directamente el carnicero. Salpimiente los cuellos.

3   Dore los cuellos en una sartén con el aceite de oliva.
Una vez dorados, retire del fuego y úntelos con la mostaza.

4   Añada la salsa de soja, la salsa Worcester y las hojas de menta. Añada el agua.

5   Cueza el conjunto durante 3 horas y vaya girando para obtener una cocción uniforme.

6   Disponga los cuellos de cordero en una fuente, reparta la menta picada y salsee.

AYUDA

— Pida al carnicero que le sirva los cuellos cortados por la mitad horizontalmente (también en el mundo profesional).

— Esta receta se puede realizar también con muslos de pollo.

— Hay muchas salsas comerciales tipo Worcester en el mercado, una de las más conocidas es Lea & Perrin's.

TRUFAS DE CHOCOLATE

INGREDIENTES	PARA CASA		PROFESIONAL	
	PARA 2 PERSONAS*	PARA 6 PERSONAS	PARA 20	PARA 75
EN LA NEVERA				
NATA LÍQUIDA 35 % M.G.	60 ml	120 ml	400 ml	1,2 l
MANTEQUILLA	½ cucharada (9 g)	1 cucharada (18 g)	35 g	100 g
EN LA DESPENSA				
CHOCOLATE	60 g	120 g	400 g	1,2 kg
COÑAC	1 cucharadita	1 cucharada	18 ml	50 ml
CACAO EN POLVO	2 cucharadas	4 cucharadas	50 g	100 g

* Esta cantidad es la mínima para garantizar un buen resultado. Con esta receta se obtendrán unas 8 trufas.

1 Ponga a hervir la nata y escalde con esta el chocolate picado. Deje reposar 3 minutos para que el chocolate se funda.

2 Mezcle hasta que quede todo bien integrado.

3 Añada la mantequilla y el coñac. Mezcle hasta que quede una preparación homogénea.

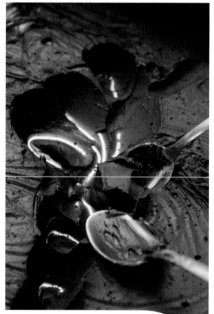

4 Tape con papel film justo encima de la masa y deje enfriar.

5 Una vez la masa se haya enfriado y haya cogido cuerpo, forme bolas irregulares de unos 15 g.

6 Páselas una a una por el cacao en polvo. Sirva las trufas a temperatura ambiente.

AYUDA

— Puede añadir una pasta de chocolate y avellanas tipo Nutella a la trufa.

— Si lo desea, puede sustituir el coñac por otro tipo de aguardiente o licor.

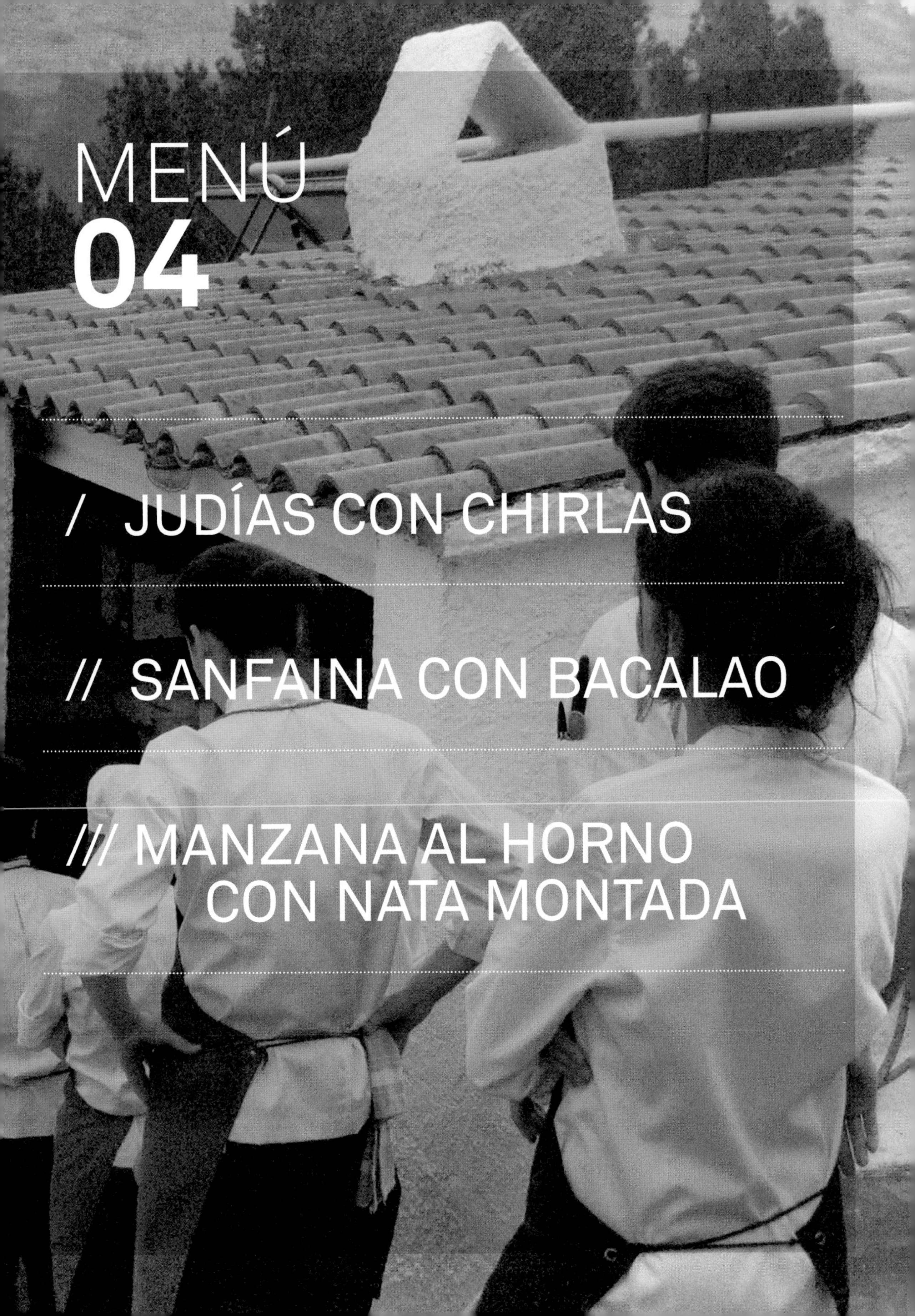

MENÚ
04

/ JUDÍAS CON CHIRLAS

// SANFAINA CON BACALAO

/// MANZANA AL HORNO
CON NATA MONTADA

INGREDIENTES PARA EL MENÚ

EN EL MERCADO
TOMATE MADURO
PIMIENTO ROJO
PIMIENTO VERDE ITALIANO
BERENJENA
CALABACÍN
MANZANAS GOLDEN
CHIRLAS
BACALAO DESALADO

EN LA NEVERA
MANTEQUILLA
NATA LÍQUIDA 35 % M.G.

EN EL CONGELADOR
CALDO DE PESCADO (pág. 54)
PICADA (pág. 58)
SOFRITO (pág. 59)

EN LA DESPENSA
JUDÍAS COCIDAS
CEBOLLA
AJO
CANELA EN POLVO
MIEL
BRANDY
ACEITE DE OLIVA 0,4º
ACEITE DE GIRASOL
AZÚCAR
SAL
PIMIENTA NEGRA

CÓMO ORGANIZARSE

DURACIÓN ESTIMADA **1 hora**

JUDÍAS CON CHIRLAS

SANFAINA CON BACALAO

MANZANA AL HORNO
CON NATA MONTADA

1

1 hora antes prepare las manzanas y póngalas a cocer en el horno.

2

Prepare la sanfaina tal y como
indica la receta.

3

25 minutos antes de comer guise
las judías con chirlas.

4

10 minutos antes monte la nata
para las manzanas.

5

5 minutos antes añada las chirlas
y termine el plato.

6

En el momento de comer añada
el bacalao a la sanfaina y
termine el plato.

7

En el momento del postre sirva
las manzanas al horno con la nata
montada en un bol aparte.

JUDÍAS CON CHIRLAS

INGREDIENTES	PARA CASA		PROFESIONAL	
	PARA 2 PERSONAS	PARA 6 PERSONAS	PARA 20	PARA 75
EN EL MERCADO				
CHIRLAS	160 g	500 g	1,6 kg	6 kg
EN EL CONGELADOR				
CALDO DE PESCADO (pág. 54)	400 ml	1,5 l	3 l	7 l
PICADA (pág. 58)	1 cucharada	3 cucharadas	110 g	400 g
SOFRITO (pág. 59)	1 cucharada	3 cucharadas	300 g	1 kg
EN LA DESPENSA				
JUDÍAS COCIDAS	300 g	900 g	3 kg	10 kg
SAL	1 pizca	1 pizca	—	—
PIMIENTA NEGRA	1 pizca	1 pizca	—	—

1 Ponga a purgar las chirlas en un colador y en agua salada durante 1 hora para que eliminen los posibles restos de arena interior.

2 Caliente el sofrito en una cazuela y añada las judías.

3 Seguidamente añada el caldo de pescado.

4 Pasados 15 minutos añada las chirlas y la picada.

5 Deje cocer durante 3 minutos, hasta que las chirlas estén abiertas.

6 Ponga a punto de sal y pimienta negra recién molida y sirva en platos soperos.

AYUDA

— Para este plato se pueden emplear varios tipos de judías. En elBulli empleamos las llamadas «judías planchadas».

— Si no encuentra chirlas puede emplear cualquier otro molusco, como almejas pequeñas o mejillones.

— Dependiendo de la cazuela que use, puede ser que necesite un poco más de caldo.

— Se debe conseguir un guiso caldoso.

— Para el mundo profesional añadiremos primero el caldo de pescado y seguidamente, las judías para que no se rompan.

SANFAINA CON BACALAO

INGREDIENTES	PARA CASA		PROFESIONAL	
	PARA 2 PERSONAS	PARA 6 PERSONAS	PARA 20	PARA 75
EN EL MERCADO				
BACALAO DESALADO	150 g	450 g	1,5 kg	5 kg
PIMIENTO ROJO	50 g	150 g	500 g	2 kg
PIMIENTO VERDE ITALIANO	50 g	150 g	500 g	2 kg
BERENJENA	120 g	360 g	1,2 kg	4 kg
CALABACÍN	120 g	360 g	1,2 kg	4 kg
TOMATE MADURO	100 g	300 g	1 kg	3,5 kg
EN LA DESPENSA				
CEBOLLA	70 g	210 g	700 g	2,2 kg
AJO	½ diente	2 dientes	10 g	30 g
ACEITE DE OLIVA 0,4°	2 cucharadas	5 cucharadas	160 ml	600 ml
ACEITE DE GIRASOL	200 ml	500 ml	1 l	3 l
SAL	—	—	—	—
PIMIENTA NEGRA	—	—	—	—

1 Pele la cebolla y córtela en dados de 2 cm. Pele y pique el ajo. Quite el tallo, despepite y corte el pimiento rojo y el pimiento verde en cuadrados de 2 cm.

2 Pele la berenjena y córtela en dados de 2 cm. Corte el calabacín a la misma medida.
Corte el tomate y rállelo.

3 Fría la berenjena y el calabacín con el aceite de girasol caliente hasta que cojan color. Escurra y deposítelo sobre papel absorbente.

4 Sofría el ajo con aceite de oliva en una cazuela. Añada la cebolla y siga sofriendo. Agregue los pimientos y prolongue la cocción.

5 Incorpore la berenjena y el calabacín frito. Añada el tomate y deje cocer 1 hora.
Ponga a punto de sal y pimienta y, si fuera necesario, incorpore un poco de agua para que quede melosa.

6 Desmigue el bacalao en trozos de 1,5 cm de ancho por 5 cm de largo.

7 Introduzca el bacalao en la cazuela con la sanfaina y deje confitar 2 minutos. Es importante que no esté demasiado cocido. Retire y sirva la sanfaina con bacalao.

AYUDA

— Puede servir la sanfaina con bacalao sobre pan tostado, como si fuera un montadito.

— Es muy importante verificar el punto de sal del bacalao. En caso de que al comprarlo aún esté salado, déjelo desalar en abundante agua y en la nevera hasta conseguir el punto de sal deseado.

MANZANA AL HORNO CON NATA MONTADA

INGREDIENTES	PARA CASA		PROFESIONAL	
	PARA 2 PERSONAS	PARA 6 PERSONAS	PARA 20	PARA 75
EN EL MERCADO				
MANZANAS GOLDEN	2 u.	6 u.	20 u.	75 u.
EN LA NEVERA				
MANTEQUILLA	1 cucharada	3 cucharadas	80 g	300 g
NATA LÍQUIDA 35 % M.G.	60 ml	180 ml	600 ml	2 l
EN LA DESPENSA				
BRANDY	1 cucharada	3 cucharadas	120 ml	400 ml
MIEL	1 cucharada	3 cucharadas	200 g	700 g
CANELA EN POLVO	1 pizca	1 pizca	8 g	30 g
AZÚCAR	½ cucharadita	1 cucharada	80 g	300 g

1 Limpie las manzanas y corte la parte superior. Saque el corazón con la ayuda de un descorazonador y corte la parte inferior para volver a introducirlo en la base para que se pueda rellenar.

2 Disponga las manzanas en una bandeja de horno y rocíelas con el brandy. Reparta la miel por encima.

3 Espolvoree con la canela. Añada la mantequilla en trocitos pequeños en el interior de cada manzana.

4 Tape las manzanas con papel de aluminio para evitar que se quemen y póngalas a cocer en el horno 1 hora a 200 ºC.

5 Monte la nata con el azúcar.

6 Disponga las manzanas tibias en una fuente y salséelas con el jugo de la cocción. Sírvalas con un bol de nata montada al lado.

AYUDA

— En lugar de brandy puede utilizar coñac, armañac, calvados u otros aguardientes parecidos.

MENÚ
05

/ POLENTA AL PARMESANO

// SARDINAS AL SÉSAMO
CON ENSALADA
DE ZANAHORIA

/// MANGO CON YOGUR
AL CHOCOLATE BLANCO

INGREDIENTES PARA EL MENÚ

EN EL MERCADO
ZANAHORIAS
MANGO
MENTA FRESCA
AVELLANAS GARRAPIÑADAS
SARDINAS MEDIANAS

EN LA NEVERA
LIMÓN
PARMESANO RALLADO
YOGUR NATURAL
NATA LÍQUIDA 35 % M.G.
MANTEQUILLA

EN LA DESPENSA
POLENTA DE MAÍZ
SÉSAMO BLANCO
MOSTAZA DE DIJON
CHOCOLATE BLANCO
VINAGRE DE JEREZ
ACEITE DE OLIVA 0,4º
SAL

CÓMO ORGANIZARSE

DURACIÓN ESTIMADA **1 hora**

POLENTA AL PARMESANO

SARDINAS AL SÉSAMO
   CON ENSALADA
   DE ZANAHORIA

MANGO CON YOGUR
   AL CHOCOLATE BLANCO

2

Haga la polenta y dispóngala en la fuente.

6

10 minutos antes esparza el parmesano por encima de la polenta y gratine en el grill.

3

Limpie y empane las sardinas con el sésamo blanco.

4

Pele y lamine la zanahoria. Haga la vinagreta para la ensalada.

7

Cocine las sardinas y dispóngalas en el plato. Aliñe la zanahoria con la vinagreta y sírvala en un cuenco aparte.

1

1 hora antes de comer haga la salsa de yogur y chocolate para el postre. Trocee las avellanas garrapiñadas y guárdelas.

5

15 minutos antes de comer pele y corte el mango. Guárdelo en la nevera.

8

En el momento del postre salsee el mango y esparza las avellanas troceadas garrapiñadas por encima.

POLENTA AL PARMESANO

INGREDIENTES	PARA CASA		PROFESIONAL	
	PARA 2 PERSONAS	PARA 6 PERSONAS	PARA 20	PARA 75
EN LA NEVERA				
MANTEQUILLA	½ cucharada	1 cucharada	200 g	600 g
PARMESANO RALLADO	40 g	120 g	500 g	1,6 kg
PARMESANO RALLADO*	2 cucharadas	6 cucharadas	600 g	2 kg
NATA LÍQUIDA 35 % M.G.	100 ml	300 ml	1,5 l	4 l
EN LA DESPENSA				
POLENTA DE MAÍZ	50 g	150 g	600 g	2 kg
SAL	—	—	—	—
AGUA	300 ml	900 ml	4 l	12 l

* Para gratinar.

1 Cuando hierva el agua, añada la polenta de maíz poco a poco y cueza durante 2 minutos sin dejar de remover.

2 Añada la nata líquida y cueza durante 2 minutos más.

3 Vaya añadiendo el parmesano poco a poco.

4 Por último incorpore la mantequilla, removiendo para que el conjunto ligue. Ponga a punto de sal.

5 Reparta la polenta en una bandeja para gratinar, consiguiendo un grosor de 1 cm.

6 Deje reposar 5 minutos y esparza el parmesano rallado por encima.

7 Gratine en el grill y sirva.

AYUDA

— Es importante hacer la polenta sin mucha antelación para que quede cremosa.

SARDINAS AL SÉSAMO
CON ENSALADA DE ZANAHORIA

INGREDIENTES	PARA CASA		PROFESIONAL	
	PARA 2 PERSONAS	PARA 6 PERSONAS	PARA 20	PARA 75
EN EL MERCADO				
SARDINAS MEDIANAS	10 u.	30 u.	100 u.	375 u.
MENTA FRESCA (picada)*	½ cucharada	1½ cucharadas	1 manojo	2 manojos
ZANAHORIAS*	2 u.	6 u.	2 kg	6 kg
EN LA NEVERA				
LIMÓN (zumo)	1 u.	2 u.	4 u.	10 u.
EN LA DESPENSA				
SÉSAMO BLANCO	4 cucharadas	120 g	500 g	1,6 kg
ACEITE DE OLIVA 0,4º	1 cucharada	3 cucharadas	100 ml	300 ml
ACEITE DE OLIVA 0,4º*	3 cucharadas	9 cucharadas	400 ml	1,2 l
SAL	—	—	—	—
MOSTAZA DE DIJON*	1 cucharada	3 cucharadas	175 g	520 g
VINAGRE DE JEREZ*	1 cucharada	3 cucharadas	125 ml	400 ml

* Para la ensalada de zanahoria.

1 Escame las sardinas debajo de un hilo de agua. Con la ayuda de unas tijeras, corte la cabeza.

2 Corte la zona de la ventresca para quitar todos los interiores.

3 Empane las sardinas con el sésamo blanco.

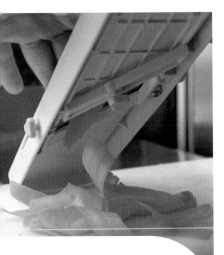

4 Pele las zanahorias y córtelas en láminas finas con la ayuda de una mandolina.

5 Haga una vinagreta con la mostaza, el aceite, el vinagre y la menta deshojada y picada.

6 Ponga las sardinas a punto de sal y cocínelas en una sartén antiadherente con un poco de aceite. Deben quedar doradas y jugosas. Termine rociando con un poco de zumo de limón.

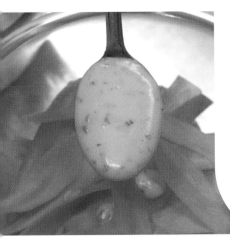

7 Aliñe las láminas de zanahoria con la vinagreta. Sirva las sardinas en un plato con la ensalada de zanahoria.

AYUDA

— Pida a su pescadero que le limpie las sardinas.

MANGO CON YOGUR AL CHOCOLATE BLANCO

INGREDIENTES	PARA CASA		PROFESIONAL	
	PARA 2 PERSONAS	PARA 6 PERSONAS	PARA 20	PARA 75
EN EL MERCADO				
MANGO	1 u.	3 u.	8 u.	30 u.
AVELLANAS GARRAPIÑADAS	8 u.	24 u.	200 g	500 g
EN LA NEVERA				
YOGUR NATURAL	125 g	375 g	625 g	1,8 kg
EN LA DESPENSA				
CHOCOLATE BLANCO	50 g	150 g	400 g	1,2 kg

1 Pique el chocolate blanco y póngalo en un cuenco. Fúndalo en el microondas o al baño maría.

2 Añada el chocolate fundido al yogur. Mezcle con la ayuda de un batidor de mano. Déjelo fuera de la nevera.

3 Rompa las avellanas garrapiñadas en trozos.

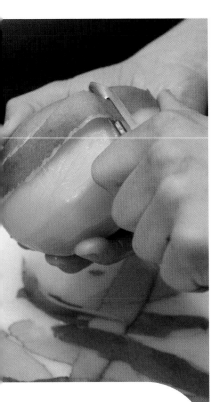

4 Pele y corte los mangos por la mitad, saque el hueso.

5 Corte los mangos en trozos de unos 2 cm y dispóngalos en los platos.

6 Salsee por encima con la salsa de yogur al chocolate y termine repartiendo las avellanas garrapiñadas.

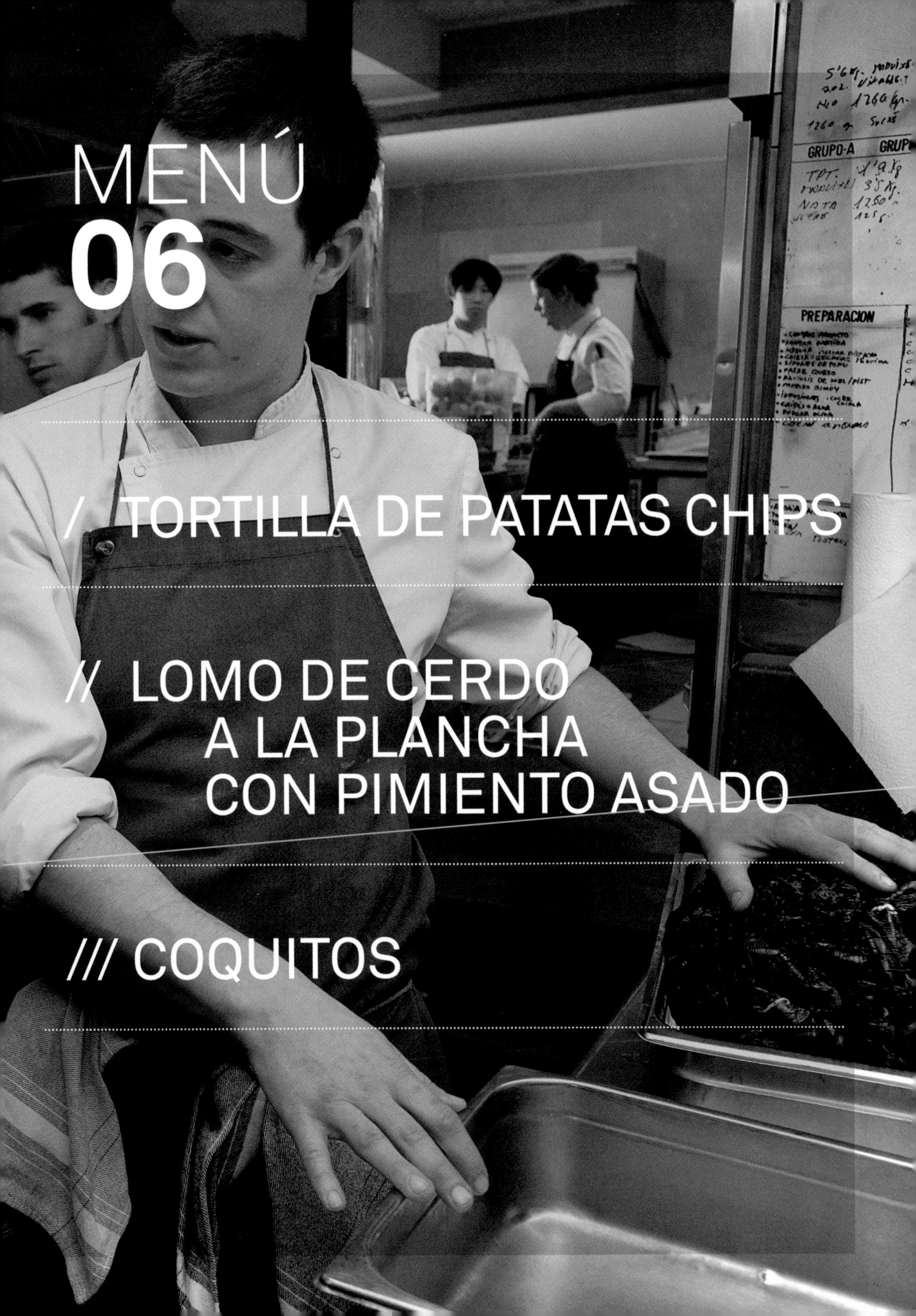

MENÚ
06

/ TORTILLA DE PATATAS CHIPS

// LOMO DE CERDO
A LA PLANCHA
CON PIMIENTO ASADO

/// COQUITOS

INGREDIENTES PARA EL MENÚ

EN EL MERCADO
PIMIENTO ROJO
PEREJIL FRESCO
LONCHAS DE LOMO DE CERDO

EN LA NEVERA
HUEVOS

EN LA DESPENSA
COCO RALLADO
AJO
PATATAS CHIPS
ACEITE DE OLIVA 0,4º
AZÚCAR
SAL
PIMIENTA NEGRA

CÓMO ORGANIZARSE

DURACIÓN ESTIMADA **1 hora**

TORTILLA DE PATATAS CHIPS

LOMO DE CERDO A LA PLANCHA CON PIMIENTO ASADO

COQUITOS

1
Ase los pimientos en el horno.

2
Haga los coquitos siguiendo la receta.

3
Prepare el aceite de ajo y perejil para el lomo y confite los pimientos rojos.

4
10 minutos antes de comer haga la tortilla de patatas.

5
5 minutos antes cocine el lomo de cerdo a la sartén.

6
Sirva el lomo con los pimientos y el aceite de ajo y perejil.

7
Sirva la tortilla entera en el plato.

8
En el momento del postre sirva los coquitos en una fuente.

TORTILLA DE PATATAS CHIPS

INGREDIENTES	PARA CASA		PROFESIONAL	
	PARA 2 PERSONAS	PARA 6 PERSONAS	PARA 20	PARA 75
EN LA NEVERA				
HUEVOS	6 u.	18 u.	60 u.	225 u.
EN LA DESPENSA				
PATATAS CHIPS	70 g	210 g	650 g	2,25 kg
ACEITE DE OLIVA 0,4º	2 cucharadas	6 cucharadas	100 ml	200 ml
SAL	—	—	—	—

1 Ponga una cucharada sopera de aceite en una sartén antiadherente de 25 cm de diámetro y caliéntela.

2 Casque los huevos en un cuenco y bátalos hasta que queden bien espumados.

3 Añada las patatas chips sin romperlas y deje reposar 1 minuto. Ponga una pizca de sal.

4 Añada la mezcla a la sartén y remueva con la ayuda de una espátula.

5 Transcurridos 40 segundos ponga un plato encima de la tortilla y dele la vuelta.

6 Vuelva a poner la sartén en el fuego, añada otra cucharada de aceite y caliente. Coloque la tortilla por la parte que no está cocida en contacto con la sartén y cueza durante 20 segundos.

7 Sirva la tortilla entera en un plato.

AYUDA

— Es fundamental que tanto las patatas chips como los huevos sean de buena calidad.

LOMO DE CERDO A LA PLANCHA
CON PIMIENTO ASADO

INGREDIENTES	PARA CASA		PROFESIONAL	
	PARA 2 PERSONAS	PARA 6 PERSONAS	PARA 20	PARA 75
EN EL MERCADO				
LONCHAS DE LOMO DE CERDO	6 u.	18 u.	60 u.	225 u.
PIMIENTO ROJO	1 u.	2 u.	8 u.	30 u.
PEREJIL FRESCO	1 rama	3 rama	½ manojo	1 manojo
EN LA DESPENSA				
ACEITE DE OLIVA 0,4º	5 cucharadas	100 ml	150 ml	425 ml
AJO	1 diente	3 dientes	80 g	225 g
SAL	—	—	—	—
PIMIENTA NEGRA	—	—	—	—

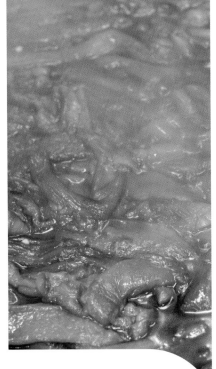

1 Ase los pimientos en el horno a 200 ºC durante 40 minutos. Pele, despepite y corte los pimientos en tiras de 0,2 cm de grosor recuperando el jugo que habrán soltado.

2 Disponga las tiras de pimiento junto con su jugo y cueza a fuego lento 5 minutos para que queden confitadas.

3 Pele y blanquee los ajos 3 veces en agua.

4 Deshoje el perejil y tritúrelo con los ajos y el aceite con un batidor hasta obtener un aceite consistente de perejil y ajo.

5 En el último momento ponga el lomo a punto de sal y pimienta negra recién molida y cocínelo en una sartén, de modo que quede dorado y jugoso.

6 Disponga el pimiento rojo en la base de una fuente y encima reparta el lomo a la plancha. Termine con una cucharada de aceite de ajo y perejil.

COQUITOS

INGREDIENTES	PARA CASA		PROFESIONAL	
	PARA 2 PERSONAS*	PARA 6 PERSONAS	PARA 20	PARA 75
EN LA NEVERA				
HUEVOS	1 u.	2 u.	5 u.	15 u.
EN LA DESPENSA				
COCO RALLADO	100 g	200 g	600 g	1,5 kg
AZÚCAR	100 g	200 g	600 g	1,5 kg

* Cantidad mínima para garantizar un buen resultado. Con esta receta se obtendrán unos 15 coquitos.

1 Mezcle el coco rallado con el azúcar en un recipiente y agregue los huevos batidos.

2 Mezcle hasta obtener una masa homogénea.

3 Forme montoncitos de unos 15 g.

4 Ponga los coquitos encima de una bandeja con papel de horno o silpat.

5 Ponga a cocer en el horno a 180 °C durante 13 minutos, hasta que empiecen a dorarse por fuera. Sirva los coquitos.

MENÚ
07

/ RISOTTO AL AZAFRÁN
CON LÁMINAS DE
CHAMPIÑÓN

// MUSLOS DE PAVO
A LA CATALANA

/// ESPUMA DE YOGUR
CON FRESAS

INGREDIENTES PARA EL MENÚ

EN EL MERCADO
FRESAS PEQUEÑAS
CHAMPIÑONES MEDIANOS
MUSLOS DE PAVO

EN LA NEVERA
LIMÓN
PARMESANO RALLADO
YOGUR NATURAL
NATA LÍQUIDA 35 % M.G.
MANTEQUILLA

EN EL CONGELADOR
CALDO DE POLLO (pág. 55)

EN LA DESPENSA
CEBOLLA
TOMATE NATURAL TRITURADO
PASAS
CIRUELAS PASAS
PIÑONES
AZAFRÁN
ARROZ
VINO BLANCO
VINO RANCIO
ACEITE DE OLIVA 0,4º
AZÚCAR
SAL
PIMIENTA NEGRA
SIFÓN ISI DE N_2O
CARGA N_2O PARA SIFÓN

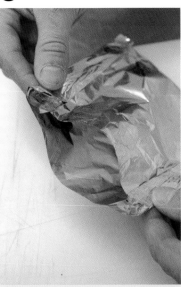

CÓMO ORGANIZARSE

DURACIÓN ESTIMADA **3 horas**

RISOTTO AL AZAFRÁN CON LÁMINAS DE CHAMPIÑÓN

MUSLOS DE PAVO A LA CATALANA

ESPUMA DE YOGUR CON FRESAS

1
El día anterior hidrate las pasas y las ciruelas en el vino rancio.

2
3 horas antes de comer escurra las pasas y las ciruelas del vino rancio.

3
Guise el pavo a la catalana siguiendo las indicaciones.

4
Mientras se guisa el pavo, haga la espuma de yogur y guárdela en la nevera.

5
Corte la cebolla para el risotto y limpie los champiñones.
40 minutos antes de comer ponga el caldo de pollo para el risotto a hervir.

6
30 minutos antes empiece a realizar el risotto.

7
Fría los piñones para el pavo.

8
10 minutos antes limpie y corte las fresas por la mitad.

9
5 minutos antes lamine los champiñones. En el momento de comer termine el risotto con las láminas de champiñón repartidas por encima.

10
Disponga el pavo en la fuente de servicio, salsee y termine con los piñones fritos por encima.

11
En el momento del postre disponga la espuma de yogur y reparta las fresas por encima.

RISOTTO AL AZAFRÁN CON LÁMINAS DE CHAMPIÑÓN

INGREDIENTES	PARA CASA		PROFESIONAL	
	PARA 2 PERSONAS	PARA 6 PERSONAS	PARA 20	PARA 75
EN EL MERCADO				
CHAMPIÑONES MEDIANOS	2 u.	6 u.	800 g	3 kg
EN LA NEVERA				
MANTEQUILLA	½ cucharada	1½ cucharadas	60 g	200 g
PARMESANO RALLADO	30 g	90 g	300 g	1 kg
LIMÓN (zumo)	½ cucharadita	1½ cucharaditas	30 ml	140 ml
EN EL CONGELADOR				
CALDO DE POLLO (pág. 55)	600 ml	1,8 l	7 l	22 l
EN LA DESPENSA				
ARROZ	180 g	540 g	1,8 kg	7 kg
AZAFRÁN	1 pizca	1 pizca	1,2 g	4 g
CEBOLLA (en daditos)	½ cucharada	1 cucharada	120 g	400 g
ACEITE DE OLIVA 0,4º	2 cucharadas	50 ml	125 ml	425 ml
VINO BLANCO	3 cucharadas	60 ml	200 ml	750 ml
SAL	—	—	—	—
PIMIENTA NEGRA	—	—	—	—

1 Envuelva el azafrán en papel de aluminio y tuéstelo en una sartén procurando que no se queme.

2 Pele y pique la cebolla en daditos y rehóguela con el aceite sin que coja color.

3 Desglase con vino blanco y deje reducir. Añada el arroz y deje rehogar durante 3 minutos.

4 Vaya mojando el arroz con el caldo caliente y removiendo para que no se pegue.

5 Incorpore el azafrán tostado.

6 Limpie los champiñones con un poco de agua, séquelos y lamínelos con la ayuda de una mandolina.

4 Cuando el arroz esté cocido (15 minutos) añada la mantequilla y el parmesano y remueva para que se integre y quede cremoso. Ponga a punto de sal, pimienta negra recién molida y zumo de limón.

5 Sirva el risotto en el plato y reparta las láminas de champiñón por encima, de modo que la temperatura del arroz «cueza» ligeramente las setas.

AYUDA

— Si desea un risotto más ligero, en lugar de parmesano rallado puede emplear un agua de parmesano, aunque en este caso el precio del plato es más alto.

MUSLOS DE PAVO A LA CATALANA

INGREDIENTES	PARA CASA		PROFESIONAL	
	PARA 2 PERSONAS	PARA 6 PERSONAS	PARA 20	PARA 75
EN EL MERCADO				
MUSLOS DE PAVO	2 u.	6 u.	20 u.	75 u.
EN LA DESPENSA				
TOMATE NATURAL TRITURADO	100 g	250 g	1,2 kg	5 kg
VINO RANCIO	80 ml	250 ml	800 ml	3 l
PASAS	30 g	90 g	300 g	1 kg
CIRUELAS PASAS (sin hueso)	40 g	120 g	400 g	1,5 kg
ACEITE DE OLIVA 0,4º	2 cucharadas	4 cucharadas	150 ml	400 ml
CEBOLLA	200 g	600 g	2,4 kg	8 kg
PIÑONES	1 cucharada	3 cucharadas	100 g	300 g
SAL	—	—	—	—
PIMIENTA NEGRA	—	—	—	—
AGUA	240 ml	720 ml	2,4 l	8 l

1 Ponga a hidratar en el vino rancio las pasas y las ciruelas pasas durante 12 horas.

2 Escurra las pasas y las ciruelas del vino rancio y guárdelo todo por separado.
Pele y corte la cebolla en juliana.

3 Limpie los muslos, ponga a punto de sal y pimienta y dórelos en una cazuela por ambos lados.

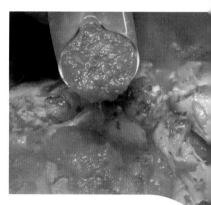

4 Cuando los muslos estén bien dorados añada la cebolla en juliana y rehóguela.

5 Una vez caramelizada añada el vino rancio (del que previamente se habrán sacado las pasas y las ciruelas) y deje caramelizar.

6 Añada el tomate natural y prosiga la cocción hasta que todo esté bien caramelizado. Moje con el agua y deje cocer 30 minutos a fuego lento.

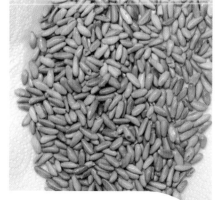

7 Añada las ciruelas y las pasas y guise el conjunto durante 1 hora más, hasta que los muslos estén bien tiernos.

8 Saltee los piñones con un poco de aceite procurando que queden bien dorados.

9 En el momento de servir, disponga los muslos en la fuente de servicio y salsee. Termine repartiendo los piñones por encima.

AYUDA

— Si no dispone de vino rancio puede utilizar un jerez o un vino similar.

ESPUMA DE YOGUR CON FRESAS

INGREDIENTES	PARA CASA	PROFESIONAL	
	PARA 1 SIFÓN DE ½ l*	PARA 20	PARA 75
EN EL MERCADO			
FRESAS PEQUEÑAS	3 u. (por persona)	60 u.	225 u.
EN LA NEVERA			
YOGUR NATURAL	3 u. (de 125 g)	1 kg	3,5 kg
NATA LÍQUIDA 35 % M.G.	100 ml	250 ml	900 ml
EN LA DESPENSA			
SIFÓN ISI DE N$_2$O	1 (de ½ l)	2 (de 1 l)	6 (de 1 l)
CARGAS N$_2$O PARA SIFÓN	1 u.	2 u.	6 u.

En un sifón de ½ l caben de 4 a 6 raciones.

1 Mezcle el yogur con la nata en un cuenco con la ayuda de un batidor de mano.

2 Pase la mezcla por un colador.

3 Llene el sifón. Cárguelo con el aire.

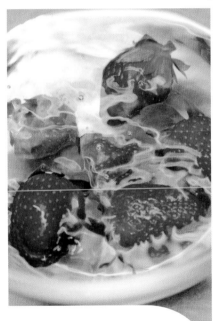

4 Déjelo reposar en la nevera o en un bol con agua y hielo.

5 Limpie las fresas con agua y quite el tallo. Córtelas por la mitad de forma longitudinal.

6 Sirva la espuma de yogur en el recipiente escogido y reparta las fresas cortadas.

AYUDA

— Si quiere la espuma de yogur más dulce, puede añadir azúcar a la mezcla antes de colar (paso 2) en el sifón. Por cada 500 g de mezcla de espuma aconsejamos añadir 1 cucharada sopera de azúcar.

— Puede sustituir las fresas por la fruta de temporada que más le guste: frutas del bosque, trocitos de melocotón o albaricoque, de plátano, de piña, etc.

MENÚ
08

/ BERENJENA ASADA CON VINAGRETA DE MISO

// SALCHICHAS CON SALSA DE TOMATE

/// CREMA CATALANA

INGREDIENTES PARA EL MENÚ

EN EL MERCADO
BERENJENAS MEDIANAS
SALCHICHAS DE CERDO DE 40 G

EN LA NEVERA
NARANJA
LIMÓN
LECHE ENTERA
NATA LÍQUIDA 35 % M.G.
HUEVOS

EN EL CONGELADOR
SALSA DE TOMATE (pág. 60)

EN LA DESPENSA
DASHI EN POLVO
MISO ROJO
TOMILLO SECO
SÉSAMO BLANCO TOSTADO
CANELA EN RAMA
VAINILLA
SALSA DE SOJA
ALMIDÓN DE MAÍZ
AJO
ANÍS VERDE
VINO RANCIO
ACEITE DE SÉSAMO TOSTADO
ACEITE DE GIRASOL
ACEITE DE OLIVA 0,4°
AZÚCAR

CÓMO ORGANIZARSE

DURACIÓN ESTIMADA **1 hora**

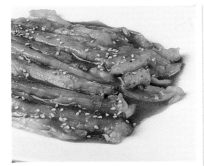

BERENJENA ASADA
   CON VINAGRETA DE MISO

SALCHICHAS CON SALSA
   DE TOMATE

CREMA CATALANA

1
1 hora antes ase las berenjenas.

2
Haga la crema.

3
Prepare la vinagreta de miso.

4
15 minutos antes aliñe las berenjenas.

5
Cocine las salchichas y sírvalas.

6
Termine las berenjenas con el sésamo.

7
Queme la crema en el momento del postre.

BERENJENA ASADA CON VINAGRETA DE MISO

INGREDIENTES	PARA CASA		PROFESIONAL	
	PARA 2 PERSONAS	PARA 6 PERSONAS	PARA 20	PARA 75
EN EL MERCADO				
BERENJENAS MEDIANAS	2 u.	6 u.	20 u.	75 u.
EN LA DESPENSA				
DASHI EN POLVO	1 cucharada	3 cucharadas	50 g	160 g
MISO ROJO	1 cucharada	4 cucharadas	40 g	150 g
SALSA DE SOJA	1 cucharada	3 cucharadas	60 ml	200 ml
ACEITE DE SÉSAMO TOSTADO	½ cucharada	1½ cucharada	30 ml	100 ml
ACEITE DE GIRASOL	3 cucharadas	9 cucharadas	150 ml	500 ml
SÉSAMO BLANCO TOSTADO	3 cucharadas	9 cucharadas	150 g	500 g
AGUA	50 ml	150 ml	500 ml	1,6 l

1 Ponga las berenjenas en la bandeja de horno y cueza a 220 °C durante unos 45 minutos.

2 Para hacer la vinagreta mezcle en un bol, con la ayuda de un batidor eléctrico, el agua, el dashi en polvo y el miso.

3 Incorpore la salsa de soja, el aceite de sésamo y el aceite de girasol.

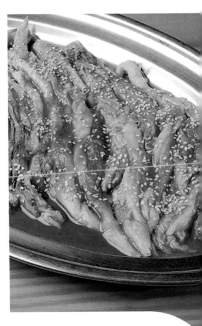

4 Saque las berenjenas del horno, pélelas y córtelas en tiras de 1 cm. Dispóngalas en una fuente de servicio bien repartidas.

5 Aliñe las berenjenas asadas con la vinagreta de miso.

6 Deje atemperar las berenjenas y sírvalas tras espolvorear sésamo blanco tostado.

AYUDA

— El dashi es una sopa tradicional japonesa que se realiza con alga kombu y katsuobushi (bonito seco). El miso es una pasta de judía de soja fermentada, también originaria de la cocina japonesa. Ambos ingredientes se pueden comprar en tiendas especializadas en alimentos asiáticos.

SALCHICHAS CON SALSA DE TOMATE

INGREDIENTES	PARA CASA		PROFESIONAL	
	PARA 2 PERSONAS	PARA 6 PERSONAS	PARA 20	PARA 75
EN EL MERCADO				
SALCHICHAS DE CERDO DE 40 G	12 u.	36 u.	120 u.	450 u.
EN EL CONGELADOR				
SALSA DE TOMATE (pág. 60)	150 g	450 g	1,5 kg	5 kg
EN LA DESPENSA				
AJO	2 dientes	6 dientes	35 g	125 g
TOMILLO SECO	1 pizca	1 pizca	6 g	20 g
ACEITE DE OLIVA 0,4°	3 cucharadas	9 cucharadas	150 ml	500 ml
VINO RANCIO	35 ml	100 ml	350 ml	1,3 l

1 Dore las salchichas con el aceite en una sartén.

2 Antes de darles la vuelta, añada el ajo pelado y machacado y el tomillo.

3 Cuando estén doradas retire la sartén del fuego y desglase con el vino rancio.

4 Caliente la salsa de tomate.

5 Disponga las salchichas en una fuente de servicio con un poco de salsa de la cocción.

6 Aplique finalmente la salsa de tomate por encima.

AYUDA

— Si lo desea puede emplear una salsa de tomate comercial, aliñada con un poco de aceite de oliva virgen extra.

CREMA CATALANA

INGREDIENTES	PARA CASA	PROFESIONAL	
	PARA 4 PERSONAS*	PARA 20	PARA 75
EN LA NEVERA			
LECHE ENTERA	250 ml	1,2 l	4 l
NATA LÍQUIDA 35 % M.G.	60 ml	300 ml	1 l
LIMÓN (piel)	1 tira	1 u.	2 u.
NARANJA (piel)	1 tira	1 u.	2 u.
HUEVOS (yemas)	3 u.	250 g	850 g
EN LA DESPENSA			
CANELA	¼ de rama	1 rama	3 ramas
ANÍS VERDE	1 pizca	3 g	10 g
VAINILLA	½ vaina	1 ½ vainas	4 vainas
AZÚCAR	45 g	225 g	750 g
ALMIDÓN DE MAÍZ	10 g	50 g	180 g

*Esta receta se ofrece para
4 personas, ya que es la cantidad
mínima aconsejable.*

1 Ponga a hervir la leche, la nata, la canela, la piel de limón y de naranja, el anís verde y las vainas de vainilla abiertas por la mitad de forma longitudinal.

2 Mezcle las yemas de huevo con el azúcar y el almidón de maíz en un bol.

3 Vierta sobre las yemas la leche hirviendo colada y remueva con unas varillas.

4 Cueza la mezcla a fuego medio removiendo sin parar durante 10 minutos.

5 Ponga la crema en un recipiente adecuado.

6 Deje enfriar la crema. A la hora de servir ponga azúcar encima y quémelo con un soplete o con una pala de quemar.

AYUDA

— En lugar de quemar la superficie de la crema puede añadir trocitos de caramelo.

MENÚ
09

/ TIRADITO DE CORVINA

// OSSOBUCO
A LA MILANESA

/// PIÑA COLADA

INGREDIENTES PARA EL MENÚ

EN EL MERCADO

CEBOLLA TIERNA

ZANAHORIA

APIO

PEREJIL FRESCO

CILANTRO FRESCO

PIÑA

LIMA

FILETE DE CORVINA

PIEZAS DE OSSOBUCO

EN LA NEVERA

NARANJA

LIMÓN

MANTEQUILLA

EN EL CONGELADOR

SALSA DE TOMATE (pág. 60)

EN LA DESPENSA

CEBOLLA

AJO

LAUREL

LECHE DE COCO

HARINA

VINO BLANCO

RON BLANCO

ACEITE DE OLIVA 0,4º

SAL

TOPPING

CÓMO ORGANIZARSE

DURACIÓN ESTIMADA **2 horas**

TIRADITO DE CORVINA

OSSOBUCO A LA MILANESA

PIÑA COLADA

1
2 horas antes prepare el ossobuco siguiendo las indicaciones.

2
Mientras se cuece el ossobuco prepare la piña colada y enfríela en la nevera.

3
30 minutos antes de comer prepare el tiradito de corvina.

4
5 minutos antes termine el tiradito de corvina y sírvalo en la fuente.

5
Termine el ossobuco con la gramola y sirva en fuentes.

6
En el momento del postre sirva la piña colada en los cuencos con los toppings aparte.

TIRADITO DE CORVINA

INGREDIENTES	PARA CASA		PROFESIONAL	
	PARA 2 PERSONAS	PARA 6 PERSONAS	PARA 20	PARA 75
EN EL MERCADO				
FILETE DE CORVINA	1 u. (de 150 g)	1 u. (de 500 g)	2 kg	8 kg
EN LA NEVERA				
LIMA (zumo)	2 cucharadas	85 ml	210 ml	660 ml
CILANTRO FRESCO	4 ramas	12 ramas	1 manojo	3 manojos
EN LA DESPENSA				
ACEITE DE OLIVA 0,4º	6 cucharadas	150 ml	500 ml	1,8 l
SAL	—	—	—	—
CEBOLLA TIERNA	½ u.	1 u.	300 g	900 g

1 Desescame y filetee la corvina. Quite las espinas del pescado con unas pinzas. Esta operación se podrá evitar si se compra el filete de corvina limpio.

2 Exprima la lima y cuele el zumo. Pele y corte la cebolla tierna en juliana fina. Deshoje y pique las hojas de cilantro fresco finamente.

3 Junte el zumo de lima con la cebolla tierna en juliana y añada el aceite de oliva removiendo para que emulsione ligeramente.

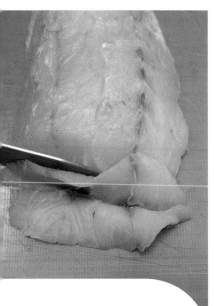

4 Quite la piel al pescado y córtelo en finas lonchas. Póngalas en la fuente donde se servirá, de manera que no se amontonen.

5 En el momento de servir ponga el pescado a punto de sal, reparta por encima la cebolla tierna en juliana.

6 Termine salseando con el aliño y repartiendo el cilantro fresco picado por encima.

AYUDA

— En el mundo profesional podemos ligar ligeramente el aliño usando xantana en una concentración del 0,5 %.

— Si no dispone de lima la puede reemplazar por limón.

— Esta receta se puede realizar con otros tipos de pescado: salmón, caballa, etc.

OSSOBUCO A LA MILANESA

INGREDIENTES

	PARA CASA		PROFESIONAL	
	PARA 2 PERSONAS	PARA 6 PERSONAS	PARA 20	PARA 75
EN EL MERCADO				
PIEZAS DE OSSOBUCO DE 250 G/U.	2 u.	6 u.	20 u.	75 u.
ZANAHORIA (picada)	1 cucharada	3 cucharadas	150 g	400 g
APIO (picado)	1 cucharada	3 cucharadas	175 g	520 g
PEREJIL FRESCO (picado)*	1 cucharada	3 cucharadas	½ manojo	1 manojo
EN LA NEVERA				
MANTEQUILLA	2 cucharadas	100 g	450 g	1,4 kg
PIEL DE NARANJA*	1 u.	3 u.	2 u.	5 u.
PIEL DE LIMÓN*	1 u.	3 u.	2 u.	5 u.
EN EL CONGELADOR				
SALSA DE TOMATE (pág. 60)	1 cucharada	3 cucharadas	330 g	1 kg
EN LA DESPENSA				
CEBOLLA	1 u.	2 u.	1 kg	3 kg
HARINA	2 cucharadas	6 cucharadas	150 g	400 g
AJO	1 diente	3 dientes	50 g	150 g
LAUREL	2 hojas	4 hojas	15 g	40 g
VINO BLANCO	80 ml	240 ml	1,1 l	3,2 l
AJO*	1 diente	3 dientes	20 g	50 g
SAL	—	—	—	—
ACEITE				

* Para la Gramola.

1 Ponga la carne a punto de sal y enharínela.

2 En una cazuela con la mitad de la mantequilla caliente dore el ossobuco por los dos lados. Retírelo disponiéndolo en una bandeja apta para cocinar al horno.

3 Seguidamente, en la misma cazuela, añada la zanahoria picada, el resto de mantequilla y el aceite. Rehogue 1 minuto y añada la cebolla, el ajo y el apio picados y el laurel.

4 Rehogue a fuego medio durante 10 minutos. Añada el vino blanco, desglase y posteriormente añada la salsa de tomate. Cueza 10 minutos más y moje con agua. Deje cocer 5 minutos más.

5 Cubra los ossobucos con la salsa.

7 Mientras, prepare la gramola. Pique finamente todos los ingredientes y mézclelos. En el último momento añada la gramola encima del ossobuco. Sírvalo con su salsa.

6 Cueza al horno a 200 °C tapado con un papel de aluminio durante 2 horas.

AYUDA

— Puede mojar el guiso con caldo de carne en lugar de agua (punto 4).

PIÑA COLADA

INGREDIENTES	PARA CASA		PROFESIONAL	
	PARA 2 PERSONAS	PARA 6 PERSONAS	PARA 20	PARA 75
EN EL MERCADO				
PIÑA	½ u.	1 u.	2,6 kg	10 kg
EN LA DESPENSA				
RON BLANCO	2 cucharadas	65 ml	320 ml	1,2 l
LECHE DE COCO	4 cucharadas	100 ml	560 ml	2,1 l
TOPPINGS	—	—	—	—

1 Pele la piña y elimine la parte dura central.

2 Corte la piña en trozos y triture con la ayuda de un batidor eléctrico.

3 Añada la leche de coco y el ron.

4 Pase con un colador fino y enfríe en la nevera.

5 Sirva la piña colada en boles, y sirva aparte el topping que desee.

AYUDA

— Como topping se pueden utilizar trozos de fruta liofilizada, frutos secos, etc.

MENÚ
10

/ SOPA DE MISO
CON CHIRLAS

// JUREL CON VINAGRETA
MEDITERRÁNEA

/// ALMENDRADOS

INGREDIENTES PARA EL MENÚ

EN EL MERCADO
TOMATE MADURO
ALBAHACA FRESCA
TOFU
CHIRLAS
JURELES DE 200 G/U.

EN LA NEVERA
HUEVOS

EN LA DESPENSA
DASHI EN POLVO
MISO ROJO
TOMILLO FRESCO
GUINDILLAS
PASTA DE ACEITUNA NEGRA
ALCAPARRAS EN VINAGRE
ALMENDRA MARCONA TOSTADA
HARINA DE ALMENDRA CRUDA
ACEITE DE OLIVA 0,4°
ACEITE DE OLIVA VIRGEN EXTRA
AZÚCAR
SAL
PIMIENTA NEGRA

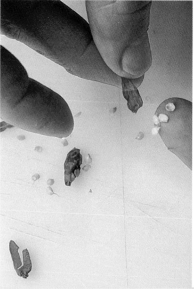

CÓMO ORGANIZARSE

DURACIÓN ESTIMADA **1 hora**

SOPA DE MISO CON CHIRLAS

JUREL CON VINAGRETA MEDITERRÁNEA

ALMENDRADOS

1

1 hora antes prepare los almendrados tal como indica la receta.

2

Mientras se cuecen los almendrados prepare el tomate y el resto de ingredientes para el pescado.

3

20 minutos antes de comer prepare la sopa de miso y corte el tofu.

4

5 minutos antes cocine el jurel y sírvalo con la vinagreta de tomate, la aceituna negra y las hojas de albahaca.

5

Sirva la sopa de miso en los cuencos donde habrá colocado el tofu cortado.

6

En el momento del postre sirva los almendrados con el helado de turrón aparte.

SOPA DE MISO CON CHIRLAS

INGREDIENTES	PARA CASA		PROFESIONAL	
	PARA 2 PERSONAS	PARA 6 PERSONAS	PARA 20	PARA 75
EN EL MERCADO				
CHIRLAS	30 u.	550 g	2 kg	5 kg
TOFU	200 g	600 g	1,2 kg	3,6 kg
EN LA DESPENSA				
DASHI EN POLVO	½ cucharadita	2 cucharaditas	30 g	100 g
MISO ROJO	2 cucharadas	100 g	400 g	1,2 kg
XANTANA*			0,8 g	2 g
AGUA	425 ml	1,250 l	4,5 l	14 l

* Para el mundo profesional.

1 Ponga el agua en una olla con el dashi en polvo y el miso rojo y triture hasta que esté bien mezclado.

2 Hierva la mezcla y, cuando empiece a hervir, añada las chirlas. Cuando se abran, aparte del fuego.

3 Corte el tofu en dados de 2 cm. Tiene que realizar 5 dados por persona.

4 Disponga los dados de tofu en el cuenco y añada después las chirlas abiertas.

5 Añada el resto de tofu a la sopa y triture hasta conseguir una sopa cremosa.

6 Añada la sopa al cuenco y sirva.

AYUDA

— Para el mundo profesional sustituiremos el tofu triturado por xantana para dar cremosidad a la sopa.

— Podemos asegurarnos de que las chirlas no contienen arena en el interior dejándolas purgar en agua fría con una concentración del 3 % de sal.

JUREL CON VINAGRETA MEDITERRÁNEA

INGREDIENTES

	PARA CASA		PROFESIONAL	
	PARA 2 PERSONAS	PARA 6 PERSONAS	PARA 20	PARA 75
EN EL MERCADO				
JURELES DE 200 G/U.	2 u.	6 u.	20 u.	75 u.
TOMATE MADURO	1 u.	3 u.	750 g	2 kg
ALBAHACA FRESCA	1 ramita	3 ramitas	1 manojo	2 manojos
EN LA DESPENSA				
ACEITE DE OLIVA VIRGEN EXTRA	9 cucharadas	200 ml	1 l	3,2 l
PASTA DE ACEITUNA NEGRA	1 cucharadita	2 cucharaditas	60 g	190 g
GUINDILLA (pequeña)	1 u.	3 u.	15 u.	40 u.
ALCAPARRAS EN VINAGRE	1 cucharada	3 cucharadas	100 g	300 g
ACEITE DE OLIVA 0,4º	1 cucharada	2 cucharadas	100 ml	200 ml
TOMILLO FRESCO	2 ramas	6 ramas	20 ramas	75 ramas
SAL	—	—	—	—
PIMIENTA NEGRA	—	—	—	—

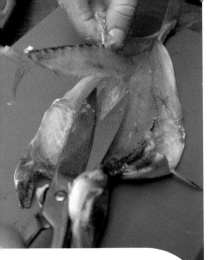

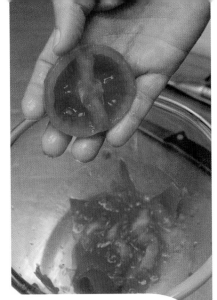

1 Con la ayuda de unas tijeras corte las aletas al jurel. Ábralo por la mitad dejando los dos lomos unidos entre sí y con la cabeza. Quite la espina central.

2 Escalde, pele, despepite y corte el tomate en dados de 0,5 cm.

3 Mezcle el tomate, el aceite de oliva virgen extra, la guindilla despepitada y picada, las alcaparras y el tomillo fresco. Ponga a punto de sal y pimienta.

4 Diluya ligeramente el puré de aceituna negra con un poco de aceite de oliva virgen extra.

5 Cocine el pescado a punto de sal en la sartén o en la plancha con un poco de aceite, primero por el lado de la piel. Debe quedar dorado y jugoso.

6 Disponga el pescado con la piel hacia abajo en la fuente. Reparta por encima la vinagreta de tomate.

7 Termine con las hojas de albahaca y unos puntos de aceite de aceitunas negras. Sirva.

AYUDA

— Pida a su pescadero que le limpie el pescado.

— Si no dispone de jurel puede recurrir a otros pescados, como caballa, bacalao fresco, etc.

ALMENDRADOS

INGREDIENTES	PARA CASA	PROFESIONAL	
	PARA 2 PERSONAS*	PARA 20	PARA 75
EN LA NEVERA			
HUEVOS (clara)	1 u.	95 g	280 g
EN LA DESPENSA			
HARINA DE ALMENDRA CRUDA	135 g	315 g	945 g
AZÚCAR	135 g	315 g	945 g
ALMENDRA MARCONA TOSTADA	12 u.	150 g	500 g

** Con esta receta salen
12 almendrados.*

1 Monte las claras de huevo con un batidor hasta conseguir una textura de merengue.

2 Añada el azúcar y la almendra en polvo, mezclando con cuidado para que no bajen las claras.

3 Realice montoncitos de 20 g de masa sobre una bandeja con papel sulfurizado o silpat.

4 Ponga encima de cada montoncito de masa una almendra entera tostada.

5 Cueza los almendrados en el horno durante 14 minutos a 180 ºC.

6 Sirva los almendrados.

AYUDA

— Puede combinar con el helado que más le guste; por ejemplo, los de vainilla, turrón, etc.

MENÚ
11

/ HUEVO FRITO
  CON ESPÁRRAGOS

// ALITAS DE POLLO
   AL AJILLO CON SETAS

/// SANGRÍA DE FRUTAS

INGREDIENTES PARA EL MENÚ

EN EL MERCADO
ESPÁRRAGOS VERDES FINOS
POMELO ROSA
MANZANA GRANNY SMITH
MELOCOTÓN
PERA BLANQUILLA
SETAS
MENTA FRESCA
ALITAS DE POLLO

EN LA NEVERA
NARANJA
LIMÓN
HUEVOS

EN LA DESPENSA
AJO
LAUREL
TOMILLO
CANELA EN POLVO
VINO BLANCO
VINO TINTO
COINTREAU
ACEITE DE OLIVA 0,4°
AZÚCAR
SAL
PIMIENTA NEGRA

CÓMO ORGANIZARSE

DURACIÓN ESTIMADA **1¼ horas**

HUEVO FRITO
   CON ESPÁRRAGOS

ALITAS DE POLLO AL AJILLO
   CON SETAS

SANGRÍA DE FRUTAS

1

1¼ hora antes de comer prepare
la sangría de frutas y déjela
enfriar en la nevera.

2

Guise las alitas de pollo al ajillo
siguiendo las indicaciones.

3

5 minutos antes termine las
alitas de pollo al ajillo con setas
y sírvalas en la fuente.

4

Caliente el aceite para los huevos
y cocine los espárragos verdes.

5

Fría los huevos y sírvalos con los
espárragos.

6

En el momento del postre disponga
la sangría en los cuencos y termine
con las hojas de menta fresca.

HUEVO FRITO CON ESPÁRRAGOS

INGREDIENTES	PARA CASA		PROFESIONAL	
	PARA 2 PERSONAS	PARA 6 PERSONAS	PARA 20	PARA 75
EN EL MERCADO				
ESPÁRRAGOS VERDES FINOS	14 u.	42 u.	140 u.	525 u.
EN LA NEVERA				
HUEVOS	4 u.	12 u.	40 u.	150 u.
EN LA DESPENSA				
ACEITE DE OLIVA 0,4°	200 ml	500 ml	2 l	5 l
SAL	—	—	—	—

1 Corte los espárragos dejando las puntas a una longitud de unos 12 cm (elimine el tallo inferior duro).

2 Caliente el aceite de oliva en una sartén, consiguiendo una altura de aceite de unos 2 cm.

3 Saltee los espárragos en una sartén con muy poco aceite y a punto de sal.

4 Casque los huevos aparte y fríalos uno a uno en el aceite caliente.

5 Ponga los huevos a punto de sal y sáquelos del aceite con una espumadera, escurra bien y disponga encima de los espárragos.

AYUDA

— Los espárragos se pueden sustituir por jamón serrano en virutas, por pimientos fritos o por setas salteadas.

— Para el mundo profesional, es mejor cascar los huevos con anterioridad y disponerlos en vasitos pequeños para que a la hora de freír no se tengan que cascar uno a uno.

— Se puede colar y guardar el aceite de freír los huevos, una vez usado, para freír otros productos, como, por ejemplo, pimientos.

ALITAS DE POLLO AL AJILLO CON SETAS

INGREDIENTES	PARA CASA		PROFESIONAL	
	PARA 2 PERSONAS	PARA 6 PERSONAS	PARA 20	PARA 75
EN EL MERCADO				
ALITAS DE POLLO	6 u.	18 u.	60 u.	225 u.
SETAS	120 g	360 g	1,2 kg	4,5 kg
EN LA DESPENSA				
ACEITE DE OLIVA 0,4°	6 cucharadas	100 ml	900 ml	2,1 l
AJO	10 dientes	30 dientes	400 g	1,4 kg
LAUREL	1 hoja	3 hojas	14 hojas	38 hojas
TOMILLO	4 ramitas	12 ramitas	40 ramitas	150 ramitas
VINO BLANCO	60 ml	180 ml	950 ml	2,25 l
SAL	—	—	—	—
PIMIENTA NEGRA	—	—		—
AGUA	1 cucharada	3 cucharadas	300 ml	1 l

1 Quite las puntas de las alitas y corte cada alita por la mitad.

2 Ponga las alitas a punto de sal, dispóngalas en una sartén y dórelas lentamente durante 30 minutos.

3 Machaque los ajos con piel y añádalos a las alitas. Dore el conjunto durante 5 minutos más.

5 Añada las setas limpias y cortadas dependiendo del tipo de seta escogido. Rehogue durante 2 minutos más.

6 Añada el agua, deje que hierva 5 minutos y ponga a punto de sal y pimienta. Sirva las alitas en la fuente con las setas y la salsa de ajillo.

4 Añada las hierbas y moje con el vino blanco. Deje reducir.

AYUDA

— Dependiendo de la temporada usaremos las setas que estén disponibles en el mercado. Durante todo el año encontrará setas de cultivo como champiñones, setas de cardo o shimenshis (en la foto 5). En temporada podrá encontrar setas silvestres a buen precio, como níscalos o rebozuelos.

SANGRÍA DE FRUTAS

INGREDIENTES	PARA CASA		PROFESIONAL	
	PARA 2 PERSONAS	PARA 6 PERSONAS	PARA 20	PARA 75
EN EL MERCADO				
MENTA FRESCA	4 hojas	12 hojas	½ manojo	1 manojo
POMELO ROSA	½ u.	1 u.	5 u.	15 u.
MANZANA GRANNY SMITH	½ u.	1 u.	5 u.	15 u.
MELOCOTÓN	½ u.	1 u.	5 u.	15 u.
PERA BLANQUILLA	½ u.	1 u.	5 u.	15 u.
EN LA NEVERA				
NARANJA	½ u.	1 u.	10 u.	30 u.
NARANJA (zumo)*	3 cucharadas	9 cucharadas	900 ml	2,4 l
LIMÓN (piel)*	¼ u.	½ u.	2 u.	5 u.
EN LA DESPENSA				
VINO TINTO*	60 ml	180 ml	800 ml	2 l
CANELA EN POLVO*	1 pizca	2 pizcas	2 g	7 g
COINTREAU*	1 cucharada	2 cucharadas	125 ml	375 ml
AZÚCAR*	1 cucharada	3 cucharada	200 g	680 g

* Para el jugo de sangría.

1 Exprima las naranjas para el jugo de sangría y cuele el zumo.

2 Mezcle el vino tinto con el azúcar, el zumo de naranja y el Cointreau.

3 Introduzca la canela y la piel de limón rallada dentro de la mezcla para que infusione.

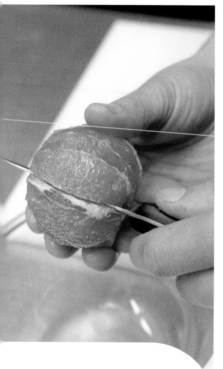

4 Pele la naranja y el pomelo, obtenga los gajos sin romperlos.

5 Pele las manzanas y las peras, descorazónelas y córtelas en gajos de 1,5 cm. Pele y corte los melocotones a gajos.

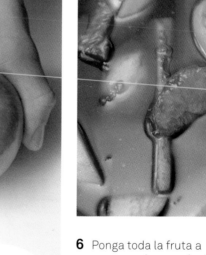

6 Ponga toda la fruta a macerar con la sangría durante 1 hora. Escurra la fruta, dispóngala en los platos con hojas de menta y sirva la sangría en la mesa.

AYUDA

— En el mundo profesional en lugar de azúcar se añade un jarabe previamente elaborado.

MENÚ
12

/ ENSALADA ALEMANA

// TERNERA GUISADA
AL CURRY THAI

/// FRESAS CON VINAGRE

INGREDIENTES PARA EL MENÚ

EN EL MERCADO
FRESAS MEDIANAS
CEBOLLA TIERNA PEQUEÑA
CEBOLLINO FRESCO
CILANTRO FRESCO
JENGIBRE FRESCO
TROZO DE 330 G DE LLATA
   DE TERNERA

EN LA NEVERA
SALCHICHAS DE FRANKFURT
MAYONESA
NATA LÍQUIDA 35 % M.G.

EN LA DESPENSA
PATATAS NUEVAS
PEPINILLOS EN VINAGRE
ALCAPARRAS EN VINAGRE
MOSTAZA DE DIJON
LECHE DE COCO
PASTA DE CURRY AMARILLO
VINAGRE DE VINO TINTO
ACEITE DE OLIVA 0,4º
AZÚCAR
SAL
PIMIENTA NEGRA

CÓMO ORGANIZARSE

DURACIÓN ESTIMADA **1 hora**

ENSALADA ALEMANA

TERNERA GUISADA
AL CURRY THAI

FRESAS CON VINAGRE

1

1 hora antes de comer guise la
ternera siguiendo la receta.

2

Mientras tanto cueza las patatas
para la ensalada.

3

Haga el caramelo de vinagre para
las fresas y enfríelo en la nevera.

4

Prepare todos los ingredientes
para la ensalada.

5

Macere las fresas cortadas en el
caramelo de vinagre frío.

6

5 minutos antes de comer
termine la ensalada alemana.

7

Termine la ternera al curry thai
y sírvala en una fuente.

8

En el momento del postre sirva las
fresas con vinagre en un cuenco.

ENSALADA ALEMANA

INGREDIENTES	PARA CASA		PROFESIONAL	
	PARA 2 PERSONAS	PARA 6 PERSONAS	PARA 20	PARA 75
EN EL MERCADO				
CEBOLLINO FRESCO (picado)	1 cucharadita	2 cucharadas	90 g	325 g
CEBOLLA TIERNA	½ u.	2 u.	250 g	850 g
EN LA NEVERA				
SALCHICHAS DE FRANKFURT	1 u.	180 g	600 g	2 kg
NATA LÍQUIDA 35 % M.G.	1 cucharada	3 cucharadas	300 ml	900 ml
MAYONESA	1½ cucharada	5 cucharadas	1 kg	3,5 kg
EN LA DESPENSA				
PATATAS NUEVAS	2 u. (grandes)	1,2 kg	4 kg	15 kg
PEPINILLOS EN VINAGRE	2 u. (medianos)	6 u. (medianos)	300 g	1 kg
ALCAPARRAS EN VINAGRE	1 cucharada	2 cucharadas	300 g	1 kg
MOSTAZA DE DIJON	1 cucharada	3 cucharadas	400 g	1,3 kg
SAL	—	—	—	—
PIMENTA NEGRA	—	—	—	—

1 Cueza las patatas enteras con piel en agua a punto de sal durante 40 minutos.

2 Una vez cocidas envuélvalas en papel de aluminio durante ½ hora.

3 Corte la cebolla tierna en daditos pequeños.
Corte los pepinillos y las salchichas de Frankfurt en rodajas de unos 0,8 cm.

4 Pele las patatas y córtelas en dados de unos 3 cm.

5 Mezcle con un batidor la mayonesa, la nata y la mostaza. Ponga a punto de sal y pimienta negra recién molida.

6 Añada a las patatas la cebolla, los pepinillos, las alcaparras y las salchichas.

7 Incorpore la salsa y mézclelo todo procurando que las patatas no se rompan.
Ponga a punto de sal y pimienta. Termine con el cebollino picado por encima.

TERNERA GUISADA AL CURRY THAI

INGREDIENTES	PARA CASA		PROFESIONAL	
	PARA 2 PERSONAS	PARA 6 PERSONAS	PARA 20	PARA 75
EN EL MERCADO				
TROZO DE TERNERA DE LA PARTE DE LA LLATA	350 g	900 g	3 kg	12 kg
JENGIBRE FRESCO (picado)	½ cucharadita	1 cucharada	75 g	270 g
CILANTRO FRESCO	10 ramas	1 manojo	60 g	220 g
EN LA DESPENSA				
PASTA DE CURRY AMARILLO	¼ cucharada	1 cucharada	40 g	140 g
LECHE DE COCO	100 ml	300 ml	1,3 l	5 l
ACEITE DE OLIVA 0,4°	3 cucharadas	80 ml	200 ml	500 ml
SAL	—	—	—	—
PIMIENTA NEGRA	—	—	—	—
AGUA	½ l	1,5 l	3,4 l	13 l

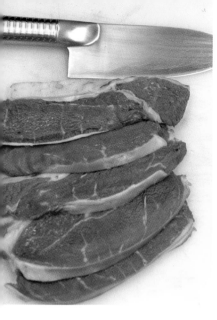

1 Corte la llata de ternera en lonchas de unos 0,5 cm (tiene que obtener 3 lonchas por persona).

2 En una olla a presión añada el aceite de oliva y rehogue el jengibre picado y la pasta de curry amarillo.

3 Añada la mitad del cilantro fresco en hojas y ¾ partes de leche de coco.

6 Añada el resto de leche de coco y de cilantro deshojado. Rectifique de sal. Sirva la ternera guisada al curry thai en una fuente.

4 Salpimente la carne e introduzca en la olla. Cierre y cueza 50 minutos a fuego medio.

5 Pasado este tiempo abra la olla y reduzca hasta conseguir una salsa consistente y sabrosa.

AYUDA

— En el mundo profesional se puede guisar la ternera en el horno.

FRESAS CON VINAGRE

INGREDIENTES	PARA CASA		PROFESIONAL	
	PARA 2 PERSONAS	PARA 6 PERSONAS	PARA 20	PARA 75
EN EL MERCADO				
FRESAS MEDIANAS	10 u.	600 g	2 kg	7,5 kg
EN LA DESPENSA				
VINAGRE DE VINO TINTO	2 cucharadas	75 ml	240 ml	900 ml
AZÚCAR	3 cucharadas	175 g	600 g	2,2 kg
AGUA	1 cucharada	65 ml	210 ml	800 ml

1 Ponga a calentar el azúcar en un cazo hasta obtener un caramelo oscuro.

2 Cuando esté en el punto deseado retire del fuego y añada el agua caliente. Procure no quemarse.

3 Una vez frío añada el vinagre. Se tiene que conseguir una textura de caramelo un poco denso. Enfríe en la nevera.

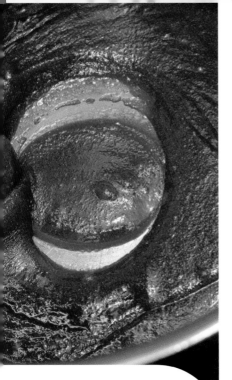

4 Limpie las fresas con agua. Quite el tallo y después córtelas por la mitad.

5 Macere las fresas con el caramelo de vinagre durante 1 hora en la nevera.

6 Sirva las fresas con vinagre frías en un cuenco.

AYUDA

— Puede utilizar un vinagre tipo cabernet-sauvignon o tipo balsámico tradicional.

MENÚ
13

/   LAZOS AL PESTO

// DORADA AL VAPOR
    A LA JAPONESA

/// MANDARINA CON
    COINTREAU Y HELADO
    DE VAINILLA

INGREDIENTES PARA EL MENÚ

EN EL MERCADO
CEBOLLA TIERNA
JENGIBRE FRESCO
CILANTRO FRESCO
DORADA DE 350 G

EN LA NEVERA
MANDARINAS
PARMESANO RALLADO

EN EL CONGELADOR
HELADO DE VAINILLA
SALSA PESTO (pág. 63)

EN LA DESPENSA
LAZOS
SALSA DE SOJA
COINTREAU
ACEITE DE GIRASOL
ACEITE DE OLIVA 0,4º
ACEITE DE OLIVA VIRGEN EXTRA
AZÚCAR MORENO
SAL

CÓMO ORGANIZARSE

DURACIÓN ESTIMADA **40 minutos**

LAZOS AL PESTO

DORADA AL VAPOR
A LA JAPONESA

MANDARINA CON COINTREAU
Y HELADO DE VAINILLA

1

40 minutos antes limpie la
dorada y prepare la cebolla, el
cilantro y el aceite de jengibre.

2

30 minutos antes haga la salsa
al pesto y ponga el agua para la
pasta a hervir.

3

20 minutos antes prepare las
mandarinas para el postre.

4

10 minutos antes cueza la pasta.

5

Una vez cocida la pasta, sírvala con
la salsa pesto encima y el queso
parmesano en un bol aparte.

6

En el momento de ir a comer,
cueza la dorada al vapor
(mientras se come la pasta se va
cociendo el pescado).

7

Termine la dorada con la cebolla
tierna y el cilantro, y finalmente el
aceite de jengibre y la salsa de soja.

8

En el momento del postre ponga
el helado sobre la mandarina y
sirva.

LAZOS AL PESTO

INGREDIENTES	PARA CASA		PROFESIONAL	
	PARA 2 PERSONAS	PARA 6 PERSONAS	PARA 20	PARA 75
EN LA NEVERA				
PARMESANO RALLADO	60 g	180 g	600 g	2 kg
EN EL CONGELADOR				
SALSA PESTO (pág. 63)	150 g	450 g	1,5 kg	5,5 kg
EN LA DESPENSA				
LAZOS	200 g	600 g	2 kg	7,5 kg
ACEITE DE OLIVA VIRGEN EXTRA	40 ml	120 ml	400 ml	1,5 l
SAL	—	—	60 g	500 g
AGUA (para hervir la pasta)	1,5 l	3,5 l	10 l	25 l

Nota: ver página 47 para una óptima cocción de la pasta.

1 Ponga a hervir agua con sal en una olla. Cuando llegue al hervor eche la pasta.

2 Deje cocer 10 minutos y cuele la pasta.

3 Añada el aceite de oliva para que no se pegue.

4 En el momento de servir, por cada 150 g de pesto se añadirán 2 cucharadas del agua de cocción de la pasta.

5 Sirva los lazos en un plato sopero, salsee con el pesto y esparza parmesano rallado encima.

AYUDA

— No olvide sacar la salsa pesto del congelador el día anterior.

DORADA AL VAPOR A LA JAPONESA

INGREDIENTES

	PARA CASA		PROFESIONAL	
	PARA 2 PERSONAS	PARA 6 PERSONAS	PARA 20	PARA 75
EN EL MERCADO				
DORADA DE 350 G	2 u.	6 u.	20 u.	75 u.
JENGIBRE FRESCO	20 g	60 g	200 g	750 g
CEBOLLA TIERNA	1 u.	2 u.	300 g	1 kg
CILANTRO FRESCO	6 ramilletes	30 ramilletes	80 g	300 g
EN LA DESPENSA				
SALSA DE SOJA	2 cucharadas	60 g	200 g	750 g
ACEITE DE GIRASOL	4 cucharadas	150 ml	400 ml	1,5 l
SAL	—	—	—	—

Nota: para cocer los pescados, deposite cada uno sobre un papel de cocción al horno o de aluminio.

1 Escame, eviscere y corte las aletas de la dorada con la ayuda de unas tijeras. Practique 3 cortes longitudinales sin llegar a partir el pescado.

2 Pele y corte la cebolla tierna en juliana. Deshoje el cilantro en ramilletes.

3 Lamine el jengibre fresco. Mezcle con el aceite y caliente hasta que empiece a freír.

4 Ponga la dorada a punto de sal y cuézala al vapor durante 12 minutos.

5 Una vez la dorada esté cocida, dispóngala en la fuente de servicio y reparta por encima la cebolla tierna.

6 Añada los ramilletes de cilantro.

7 Termine escaldando por encima con el aceite de jengibre muy caliente para que la cebolla y el cilantro se cuezan, y añada una cucharada de salsa de soja.

AYUDA

— Pida a su pescadero que le limpie la dorada.

— Si lo prefiere, puede cocer la dorada a la plancha.

— Puede utilizar otros pescados como lubina, merluza o gallo.

MANDARINA CON COINTREAU
Y HELADO DE VAINILLA

INGREDIENTES	PARA CASA		PROFESIONAL	
	PARA 2 PERSONAS	PARA 6 PERSONAS	PARA 20	PARA 75
EN LA NEVERA				
MANDARINAS	3 u.	9 u.	30 u.	112 u.
EN EL CONGELADOR				
HELADO DE VAINILLA	2 cucharadas	150 g	500 g	2 kg
EN LA DESPENSA				
COINTREAU	2 cucharadas	6 cucharadas	80 ml	300 ml
AZÚCAR MORENO	1 cucharada	2 cucharadas	60 g	200 g

1   Pase una tercera parte de las mandarinas limpias, enteras y sin quitarles la piel por la licuadora.

2   Pele el resto de las mandarinas y disponga los gajos en un bol (se utilizará 1 mandarina entera por persona).

3   Reparta por encima de las mandarinas el Cointreau y media cucharada de azúcar moreno.

4   Para terminar, añada con el zumo de mandarina.

5   En el momento de servir, disponga una cucharada de helado de vainilla.

MENÚ
14

/ ENSALADA DE TOMATE
   CON ALBAHACA

// ARROZ CALDOSO
   DE CANGREJOS

/// FLAN DE COCO

INGREDIENTES PARA EL MENÚ

EN EL MERCADO
TOMATES PARA ENSALADA
ALBAHACA FRESCA
CANGREJOS

EN LA NEVERA
HUEVOS

EN EL CONGELADOR
CALDO DE PESCADO (pág. 54)
PICADA (pág. 58)
SOFRITO (pág. 59)

EN LA DESPENSA
ARROZ
COCO RALLADO
LECHE DE COCO
VINO BLANCO
ACEITE DE OLIVA 0,4°
AZÚCAR
SAL
PIMIENTA NEGRA

Flan de coco realizado con un molde grande en el mundo profesional.

CÓMO ORGANIZARSE

DURACIÓN ESTIMADA **1 hora**

ENSALADA DE TOMATE
CON ALBAHACA

ARROZ CALDOSO
DE CANGREJOS

FLAN DE COCO

1

1 hora antes haga el flan de coco.

2

30 minutos antes empiece a cocinar el arroz.

3

Mientras cocina el arroz prepare los tomates para la ensalada.

4

5 minutos antes de comer termine la ensalada de tomate.

5

Termine y sirva el arroz de cangrejos.

6

En el momento del postre desmolde los flanes y sírvalos en los platos con la leche de coco.

ENSALADA DE TOMATE CON ALBAHACA

INGREDIENTES	PARA CASA		PROFESIONAL	
	PARA 2 PERSONAS	PARA 6 PERSONAS	PARA 20	PARA 75
EN EL MERCADO				
TOMATES PARA ENSALADA	3 u.	9 u.	2,5 kg	8 kg
ALBAHACA FRESCA	30 hojitas	45 g (en hojas)	2 manojos	5 manojos
EN LA DESPENSA				
ACEITE DE OLIVA VIRGEN EXTRA	60 ml	180 ml	600 ml	2,2 l
VINAGRE DE JEREZ	1 cucharada	2 cucharadas	60 ml	150 ml
SAL	—	—	—	—

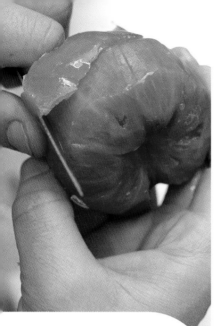

1 Pele los tomates con la ayuda de un cuchillo y extraiga el pedúnculo.

2 Corte los tomates pelados en rodajas de 0,5 cm y dispóngalos encima del plato.

3 Ponga los tomates a punto de sal.

5 Deshoje la albahaca, rompa las hojas más grandes y repártalas por encima del tomate.

4 Aliñe con el aceite de oliva virgen y unas gotas de vinagre de jerez.

AYUDA

— En cada país hay distintas variedades de tomates. Su estacionalidad tradicional óptima es el verano, aunque en invierno podemos encontrar tomates para ensalada de excelente calidad, como la variedad raf, por ejemplo.

— Si lo prefiere, puede utilizar sal en escamas.

ARROZ CALDOSO DE CANGREJOS

INGREDIENTES	PARA CASA		PROFESIONAL	
	PARA 2 PERSONAS	PARA 6 PERSONAS	PARA 20	PARA 75
EN EL MERCADO				
CANGREJOS	15 u.	700 g	2,5 kg	8,5 kg
EN EL CONGELADOR				
CALDO DE PESCADO (pág. 54)	1,2 l	3,5 l	9 l	30 l
PICADA (pág. 58)	1 cucharada	3 cucharadas	125 g	400 g
SOFRITO (pág. 59)	2 cucharadas	6 cucharadas	300 g	1 kg
EN LA DESPENSA				
ARROZ	200 g	600 g	2 kg	7,5 kg
VINO BLANCO	2 cucharadas	6 cucharadas	150 g	500 ml
ACEITE DE OLIVA 0,4°	2 cucharadas	6 cucharadas	500 ml	1 l
SAL	—	—	—	—
PIMIENTA NEGRA	—	—	—	—

1 Caliente el caldo de pescado en una olla.

2 Saltee los cangrejos en una cazuela con el aceite y, cuando estén dorados, retírelos.

3 Añada en la misma cazuela el arroz y el sofrito, y rehogue durante 2 minutos.

5 A continuación vaya añadiendo el caldo caliente y deje cocer el arroz procurando que no se pegue.

6 A los 15 minutos de cocción añada los cangrejos salteados y la picada. Ponga a punto de sal y pimienta negra recién molida.

4 Desglase con el vino blanco y deje reducir.

AYUDA

— Se puede sustituir el caldo de pescado por un caldo de cangrejos.

— No remueva mucho el arroz después de introducir los cangrejos para que las patas no se rompan.

— Si los cangrejos son muy pequeños, aconsejamos poner solo el cuerpo y eliminar las patas, que podrían representar una molestia para comer este plato.

— Si no dispone de picada, puede sustituirla por alioli.

FLAN DE COCO

INGREDIENTES

	PARA CASA	PROFESIONAL	
	PARA 5 PERSONAS**	PARA 20	PARA 75
EN LA NEVERA			
HUEVOS	2 u.	8 u.	32 u.
EN LA DESPENSA			
AZÚCAR	25 g	100 g	400 g
AZÚCAR*	30 g	300 g	1 kg
COCO RALLADO	15 g	60 g	450 g
LECHE DE COCO	250 ml	1 l	4 l
AGUA*	1 cucharada	30 ml	100 ml

* Para el caramelo oscuro.

** Cantidad mínima para garantizar un buen resultado.

1 Ponga el agua y el azúcar a cocer a fuego medio, hasta obtener un caramelo oscuro. Repártalo bien en los moldes de flan y deje que se enfríe.

2 Ponga la leche de coco y el coco rallado junto al azúcar. Mezcle con la ayuda de unas varillas.

3 Añada los huevos y remueva hasta obtener una mezcla homogénea.

4 Reparta esta mezcla en los moldes de flan y póngalos al baño María en el horno.

5 Cueza durante 30 minutos a 180 ºC, procurando que el agua del baño María no hierva.

6 Una vez cocidos déjelos enfriar con el agua del baño María y luego en la nevera. Desmóldelos y sírvalos con una cucharada de leche de coco.

AYUDA

— Lo normal es que encuentre la leche de coco en lata. Se comercializa pulpa de leche de coco congelada que tiene una calidad superior a la de la leche de coco en lata.

MENÚ
15

/ SOPA DE PAN Y AJO

// COCHINITA PIBIL

/// HIGOS CON NATA
AL KIRSCH

INGREDIENTES PARA EL MENÚ

EN EL MERCADO
HIGOS
CEBOLLA MORADA
CHILE HABANERO PEQUEÑO
CABEZADA DE LOMO DE CERDO
PAN DE HOGAZA

EN LA NEVERA
HUEVOS
NARANJAS
LIMAS
NATA LÍQUIDA 35 % M.G.

EN EL CONGELADOR
CALDO DE POLLO (pág. 55)

EN LA DESPENSA
CEBOLLA
AJO
ACHIOTE
PIMENTÓN DULCE
ORÉGANO SECO
COMINO
TORTITAS DE MAÍZ
KIRSCH
VINAGRE DE VINO BLANCO
ACEITE DE OLIVA 0,4º
AZÚCAR
SAL
PIMIENTA NEGRA

CÓMO ORGANIZARSE

DURACIÓN ESTIMADA **2 horas**

SOPA DE PAN Y AJO

COCHINITA PIBIL

HIGOS CON NATA AL KIRSCH

1
2 horas antes de comer haga la marinada para la cochinita pibil y marine la cabezada de lomo.

2
1½ hora antes de comer cueza la cochinita pibil.

3
30 minutos antes haga la sopa de pan.

4
Mientras se hace la sopa cueza los huevos.

5
Haga el picadillo de cebolla.

6
Semimonte la nata. Pele y corte los higos.

7
Antes de comer corte la cochinita, dispóngala en la fuente de servicio y salsee.

8
Tueste en la sartén las tortitas y sírvalas aparte.

9
Sirva la sopa de pan con el huevo.

10
En el momento del postre rocíe los higos con el kirsch y sirva la nata semimontada.

SOPA DE PAN Y AJO

INGREDIENTES	PARA CASA		PROFESIONAL	
	PARA 2 PERSONAS	PARA 6 PERSONAS	PARA 20	PARA 75
EN EL MERCADO				
PAN DE HOGAZA DE 500 G	2 rebanadas	6 rebanadas	1 kg	3 kg
EN LA NEVERA				
HUEVOS	2 u.	6 u.	20 u.	75 u.
EN EL CONGELADOR				
CALDO DE POLLO (pág. 55)	450 ml	1,4 l	4,5 l	16 l
EN LA DESPENSA				
ACEITE DE OLIVA 0,4°	40 ml	120 ml	400 ml	1,5 l
AJO	2 dientes	6 dientes	180 g	600 g
PIMENTÓN DULCE	1 cucharadita	2 cucharaditas	8 g	25 g
SAL	—	—	—	—
PIMIENTA NEGRA	—	—	—	—

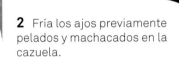

1 Fría las rebanadas de pan en aceite. Procure que queden bien doradas. Una vez fritas, retírelas.

2 Fría los ajos previamente pelados y machacados en la cazuela.

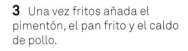

3 Una vez fritos añada el pimentón, el pan frito y el caldo de pollo.

4 Deje hervir 20 minutos y triture con la ayuda de un batidor eléctrico. Ponga a punto de sal y pimienta negra recién molida.

5 Sirva la sopa con un huevo al gusto.

AYUDA

— El huevo que acompaña a este plato puede ser duro o poché, o incluso una yema de huevo. También se puede hacer «a la japonesa», es decir, a baja temperatura, si dispone de un Roner (ver págs. 34-35).

— Si tiene pimiento choricero puede utilizarlo en lugar del pimentón.

— Use los restos de pan de días anteriores.

COCHINITA PIBIL

INGREDIENTES	PARA CASA		PROFESIONAL	
	PARA 2 PERSONAS	PARA 6 PERSONAS	PARA 20	PARA 75
EN EL MERCADO				
CABEZADA DE LOMO DE CERDO SIN CORTAR	350 g	1 kg	3,5 kg	12 kg
CEBOLLA MORADA	½ u.	2 u.	750 g	2,5 kg
CHILE HABANERO PEQUEÑO	1 cucharadita	2 cucharaditas	1 u.	2 u.
EN LA NEVERA				
NARANJA (zumo)	3 cucharadas	9 cucharadas	500 ml	1,5 l
LIMA (zumo)	½ cucharada	1 cucharada	60 ml	200 ml
EN LA DESPENSA				
ACHIOTE	60 g	180 g	600 g	2 kg
ORÉGANO SECO	1 pizca	2 pizcas	3 g	10 g
COMINO	1 pizca	2 pizcas	0,6 g	2 g
VINAGRE DE VINO BLANCO	1 cucharada	3 cucharadas	80 ml	300 ml
ACEITE DE OLIVA 0,4°	2 cucharadas	60 g	150 ml	500 ml
TORTITAS DE MAÍZ	2 u.	6 u.	20 u.	75 u.
CEBOLLA	¼ u.	1 u.	125 g	350 g
SAL	—	—	—	—
PIMIENTA NEGRA	—	—	—	—

1 Mezcle en un bol el zumo de naranja, el orégano, el comino, el vinagre, el achiote y el aceite. Tritúrelo con un batidor eléctrico.

2 Ponga a punto la carne con sal y pimienta negra, pínchela repetidas veces con la ayuda de un cuchillo para que la carne se impregne bien con la mezcla del achiote.

3 Ponga papel de aluminio en una bandeja de horno. Disponga encima la carne con la marinada y la cebolla cortada en juliana. Tape con más papel de aluminio, como una papillote.

4 Cueza la cabeza de lomo durante 1 ½ hora a 200 °C.

5 Pele y pique la cebolla morada. Despepite y pique finamente el chile habanero. Mezcle la cebolla con el chile, aliñe con el zumo de lima y ponga a punto de sal.

6 Una vez cocida, saque la carne del horno y desmenúcela con la ayuda de un cuchillo.

7 Reparta la cochinita en una bandeja y salsee con la salsa.

8 Dore las tortitas sobre una plancha o una sartén y envuélvalas en papel de aluminio para que se mantengan calientes.

9 Sirva la cochinita pibil. Sirva aparte las tortitas calientes y la cebolla morada marinada.

AYUDA

— Es aconsejable marinar el lomo 12 horas antes y guardarlo en la nevera.

— El achiote es un arbusto cultivado en Colombia, México, Ecuador y Perú, cuyas semillas se emplean en muchas recetas de cocina.

HIGOS CON NATA AL KIRSCH

INGREDIENTES	PARA CASA		PROFESIONAL	
	PARA 2 PERSONAS	PARA 6 PERSONAS	PARA 20	PARA 75
EN EL MERCADO				
HIGOS	3 u.	9 u.	35 u.	120 u.
EN LA NEVERA				
NATA LÍQUIDA 35 % M.G.*	60 g	180 g	600 g	2 l
EN LA DESPENSA				
KIRSCH	1 cucharada	3 cucharadas	65 ml	250 ml
KIRSCH*	1 cucharadita	1 cucharada	15 ml	50 ml
AZÚCAR*	1 cucharadita	2 cucharadas	80 g	300 g

* Para la nata
semimontada al kirsch.

1 Monte la nata junto al azúcar con la ayuda de un batidor. Añada el kirsch y monte un poco más para que no se baje al incorporarlo.

2 Pele los higos.

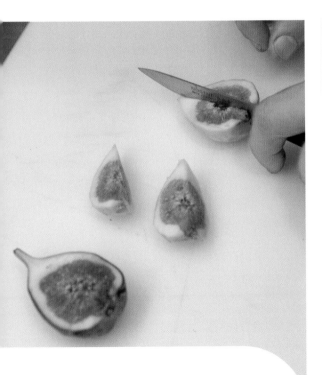

3 Córtelos en 4 gajos cada uno.

4 Disponga 6 trozos de higo en un bol, aliñe con el kirsch y sirva con la nata semimontada al lado.

AYUDA

— Si no dispone de kirsch, puede utilizar otro tipo de alcohol blanco, como marraschino o ron blanco.

MENÚ
16

/ NOODLES

// MAGRET DE PATO
CON CHIMICHURRI

/// NATILLAS DE PISTACHO

INGREDIENTES PARA EL MENÚ

EN EL MERCADO
CEBOLLA TIERNA

BROTES DE SOJA

JENGIBRE FRESCO

MAGRET DE PATO

PANCETA DE CERDO

EN LA NEVERA
HUEVOS

LECHE ENTERA

NATA LÍQUIDA 35 % M.G.

SALSA CHIMICHURRI (pág. 66)

EN LA DESPENSA
PISTACHOS VERDES REPELADOS

ESPECIAS SICHIMI TOGARASHI

SALSA DE OSTRAS

SALSA DE SOJA

SHITAKE SECO

NOODLES

VINO CHINO SHAOXING

ACEITE DE SÉSAMO

ACEITE DE OLIVA 0,4º

AZÚCAR

SAL

PIMIENTA NEGRA

CÓMO ORGANIZARSE

DURACIÓN ESTIMADA **1 hora**

NOODLES

MAGRET DE PATO
CON CHIMICHURRI

NATILLAS DE PISTACHO

1
Hidrate los shitakes en agua el día anterior.

2
1 hora antes haga las natillas tal y como se indica en la receta.

3
40 minutos antes ponga el agua a hervir para los noodles y prepare el resto de ingredientes.

4
Posteriormente cocine el magret de pato y déjelo reposar con el papel de aluminio.

5
30 minutos antes cocine los ingredientes de la salsa de los noodles. Hierva los noodles y enfríelos.

6
5 minutos antes, escalope el magret, dispóngalo en la fuente de servicio y salsee con el chimichurri.

7
Termine los noodles y sírvalos en platos.

8
En el momento del postre, sirva las natillas de pistacho frías.

NOODLES

INGREDIENTES	PARA CASA		PROFESIONAL	
	PARA 2 PERSONAS	PARA 6 PERSONAS	PARA 20	PARA 75
EN EL MERCADO				
PANCETA DE CERDO	80 g	240 g	800 g	3 kg
CEBOLLA TIERNA PEQUEÑA	1 u.	2 u.	1,2 kg	4 kg
BROTES DE SOJA	35 g	100 g	350 g	1,2 kg
JENGIBRE FRESCO	1 cucharadita (picado)	20 g	30 g	100 g
EN LA DESPENSA				
NOODLES	120 g	360 g	1,2 kg	4 kg
ACEITE DE SÉSAMO	1½ cucharada	60 ml	180 ml	650 ml
SALSA DE OSTRAS	3 cucharadas	100 g	350 g	1,4 kg
SALSA DE SOJA	3 cucharadas	100 g	350 g	1,4 kg
VINO CHINO SHAOXING	3 cucharadas	100 ml	350 ml	1,4 l
ESPECIAS SICHIMI TOGARASHI	1 pizca	2 pizcas	6 g	20 g
SHITAKE SECO	6 u.	80 g	160 g	600 g
ACEITE DE OLIVA 0,4º	1 cucharada	3 cucharadas	300 ml	1 l
SAL	—	—	—	—

1 Hidrate los shitakes en agua abundante durante 12 horas. Una vez hidratados, córtelos a tiras.

2 Mezcle en un bol, con la ayuda de unas varillas, la salsa de ostras con la salsa de soja, el vino chino y el aceite de sésamo.

3 Ponga agua a hervir a punto de sal, cueza los noodles 3 ½ minutos enfríe en agua y hielo a punto de sal.

4 Corte la panceta a tiras finas, la cebolla tierna a dados y seleccione los brotes de soja.

5 Saltee la panceta con el aceite de oliva 0,4º hasta que coja color. Añada el jengibre picado y el shitake y saltéelo. Incorpore la cebolla tierna y deje dorar.

6 Añada los brotes de soja y la pasta previamente escurrida. Saltee 5 minutos y añada la salsa, mezclando para que quede bien repartida.

7 Disponga los noodles en el plato y esparza un poco de sichimi togarashi.

AYUDA

— Para el mundo profesional, podemos utilizar aceite de jengibre en lugar de jengibre fresco.

— Si no dispone de vino chino puede realizar igualmente esta receta.

— Si no dispone de especias sichimi togarashi, puede sustituirlas por pimienta negra recién molida y un poco de guindilla en polvo (ya que el sichimi togarashi se caracteriza por su matiz picante).

MAGRET DE PATO CON CHIMICHURRI

INGREDIENTES	PARA CASA		PROFESIONAL	
	PARA 2 PERSONAS	PARA 6 PERSONAS	PARA 20	PARA 75
EN EL MERCADO				
MAGRET DE PATO	1 u.	3 u.	8 u.	25 u.
EN LA NEVERA				
SALSA CHIMICHURRI (pág. 66)	50 g	150 g	500 g	4 kg
EN LA DESPENSA				
SAL	—	—	—	—
PIMIENTA NEGRA	—	—	—	—

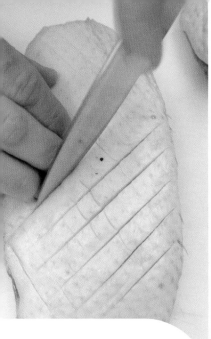

1 Practique unos cortes en la piel del magret formando una rejilla de 1 cm de lado, sin cortar la carne.

2 Sazone los magrets con sal y pimienta negra recién molida.

3 En una sartén, dore el magret por la parte de la piel unos 3 minutos, dele la vuelta, cueza 30 segundos y retire del fuego.

4 Envuelva el magret en papel de aluminio y deje reposar durante 15 minutos.

5 Corte el magret en láminas finas, de unos 0,3 cm, y repártalo en la fuente donde lo va a servir.

6 Salpimiente el magret por encima y salséelo con el chimichurri.

AYUDA

— Se hacen cortes en la piel del magret para que pierda parte de su grasa y se cocine con ella.

— En el mercado encontrará salsas chimichurri comerciales.

NATILLAS DE PISTACHO

INGREDIENTES	PARA CASA		PROFESIONAL	
	PARA 2 PERSONAS	PARA 6 PERSONAS	PARA 20	PARA 75
EN LA NEVERA				
NATA LÍQUIDA 35 % M.G.	50 ml	150 ml	500 ml	2 l
HUEVOS (yemas)	2 u.	120 g	400 g	1,6 kg
LECHE ENTERA	200 ml	600 ml	2 l	8 l
EN LA DESPENSA				
PISTACHOS VERDES REPELADOS	35 g	105 g	350 g	1,4 kg
AZÚCAR	45 g	135 g	450 g	1,8 kg

1 Caliente la leche y la nata en un cazo. En un cuenco mezcle las yemas de huevo con el azúcar con la ayuda de un batidor de mano.

2 Una vez la mezcla de leche y nata esté caliente, retire del fuego y añádala a la mezcla de yemas y azúcar sin dejar de remover.

3 Ponga la crema en el fuego y deje cocer lentamente hasta 85 ºC. Remueva hasta que la crema empiece a coger cuerpo.

4 Retire la crema del fuego y mezcle con los pistachos.

5 Triture con un batidor eléctrico hasta conseguir una crema fina.

6 Disponga en el cuenco donde servirá las natillas. Enfríe en la nevera.

AYUDA

— Para el mundo profesional, triture los pistachos con una tercera parte de las natillas.

MENÚ
17

/ PATATAS Y CEBOLLAS
    ASADAS CON ROMESCO

// PESCADILLA
    EN SALSA VERDE

/// ARROZ CON LECHE

INGREDIENTES PARA EL MENÚ

EN EL MERCADO
PEREJIL FRESCO
PESCADILLAS DE 250 A 300 G/U.

EN LA NEVERA
LIMÓN
LECHE ENTERA
MANTEQUILLA
NATA LÍQUIDA 35 % M.G.

EN EL CONGELADOR
SALSA ROMESCO (pág. 62)

EN LA DESPENSA
PATATAS PEQUEÑAS
AJO
CEBOLLA
CANELA EN POLVO
HARINA DE TRIGO
ARROZ
ACEITE DE OLIVA 0,4º
AZÚCAR
SAL

CÓMO ORGANIZARSE

DURACIÓN ESTIMADA **1 hora**

PATATAS Y CEBOLLAS ASADAS CON ROMESCO

PESCADILLA EN SALSA VERDE

ARROZ CON LECHE

2
Ponga las patatas y las cebollas a asar en el horno a 200 ºC.

5
Antes de comer corte las patatas y las cebollas asadas. Sirva el romesco aparte.

3
Limpie la pescadilla y pique el ajo pelado y el perejil.

4
25 minutos antes de comer haga la pescadilla en salsa verde.

6
Disponga la pescadilla en el plato y salsee con la salsa verde.

1
1 hora antes de comer haga el arroz con leche y guárdelo en la nevera.

7
En el momento del postre espolvoree el arroz con leche con canela en polvo.

PATATAS Y CEBOLLAS ASADAS CON ROMESCO

INGREDIENTES	PARA CASA		PROFESIONAL	
	PARA 2 PERSONAS	PARA 6 PERSONAS	PARA 20	PARA 75
EN EL CONGELADOR				
SALSA ROMESCO (pág. 62)	130 g	400 g	1,3 kg	5 kg
EN LA DESPENSA				
PATATAS PEQUEÑAS	4 u.	12 u.	3 kg	10 kg
CEBOLLAS PEQUEÑAS	2 u.	6 u.	2 kg	7,5 kg
SAL	—	—	—	—

1 Limpie las patatas y las cebollas. Envuelva las patatas enteras en papel de aluminio.

2 Cueza las patatas y las cebollas al horno a 200 ºC unos 40 minutos.

3 Una vez cocidas corte las cebollas y las patatas por la mitad.

4 Disponga las cebollas y las patatas en una fuente y ponga a punto de sal.

5 Sirva el romesco en un bol aparte.

PESCADILLA EN SALSA VERDE

INGREDIENTES	PARA CASA		PROFESIONAL	
	PARA 2 PERSONAS	PARA 6 PERSONAS	PARA 20	PARA 75
EN EL MERCADO				
PESCADILLAS DE 250 G	2 u.	6 u.	20 u.	75 u.
PEREJIL FRESCO (picado)	2 cucharadas	6 cucharadas	1 manojo	3 manojos
EN LA DESPENSA				
AJO (picado)	1 diente	3 dientes	40 g	130 g
ACEITE DE OLIVA 0,4°	2 cucharadas	6 cucharadas	350 ml	1 l
HARINA DE TRIGO	½ cucharada	2 cucharadas	75 g	200 g
SAL	—	—	30 g	100 g
AGUA	170 ml	500 ml	1,7 l	6,3 l

1 Corte la pescadilla limpia en dos trozos.

2 Pele y pique el ajo. Deshoje y pique el perejil.

3 En una cazuela rehogue el ajo con el aceite sin que coja color y añada la harina.

4 Rehogue medio minuto y añada la mitad del perejil picado. Moje con el agua y cueza 5 minutos.

5 10 minutos antes de comer ponga el pescado a punto de sal y añádalo a la cazuela.

6 Cueza la pescadilla por los dos lados, de modo que quede jugosa.

7 Añada el resto de perejil picado y ponga la salsa a punto de sal. Sirva la pescadilla en una fuente salseando con la salsa verde.

AYUDA

— Pida a su pescadero que le limpie el pescado.

— Puede usar otro tipo de pescados blancos, o incluso algún molusco o crustáceo.

— Para el mundo profesional podemos sustituir la harina por agua ligada con xantana, al 0,3 %.

ARROZ CON LECHE

INGREDIENTES

	PARA CASA		PROFESIONAL	
	PARA 2 PERSONAS	PARA 6 PERSONAS	PARA 20	PARA 75
EN LA NEVERA				
LECHE ENTERA	320 ml	1 l	3,5 l	13 l
LIMÓN (piel)	1 tira de piel	2 tiras de piel	la piel de ½ limón	la piel de 1 limón
MANTEQUILLA	20 g	60 g	200 g	700 g
NATA LÍQUIDA 35 % M.G.	60 ml	180 ml	800 ml	2,8 l
EN LA DESPENSA				
ARROZ	80 g	240 g	800 g	3 kg
AZÚCAR	45 g	135 g	600 g	1,8 kg
CANELA EN POLVO	1 pizca	2 pizcas	20 g	70 g

1 Ponga la leche y la nata en una olla. Agregue la piel de limón y deje infusionar durante 5 minutos.

2 En una olla con la mitad de la leche y la nata, añada el arroz y cueza a fuego lento 45 minutos, incorporando el resto de leche y nata poco a poco, como en un risotto.

3 A los 10 minutos de cocción añada el azúcar. Vaya removiendo para evitar que el arroz se pegue.

4 Una vez cocido incorpore la mantequilla previamente atemperada y mezcle el conjunto.

5 Disponga el arroz en los boles y guárdelo en la nevera.

6 A la hora de servir esparza canela en polvo sobre el arroz con leche.

MENÚ
18

/ ENSALADA CÉSAR

// HAMBURGUESA
CON QUESO
Y PATATAS CHIPS

/// TARTA DE SANTIAGO

INGREDIENTES PARA EL MENÚ

EN EL MERCADO
LECHUGA ROMANA PEQUEÑA
PANECILLOS DE HAMBURGUESA
HAMBURGUESAS DE TERNERA

EN LA NEVERA
LIMÓN
PARMESANO RALLADO
QUESO EN LONCHAS
MANTEQUILLA
HUEVOS
FILETES DE ANCHOA

EN LA DESPENSA
AJO
CANELA EN POLVO
PICATOSTES
PATATAS CHIPS
HARINA DE ALMENDRA CRUDA
HARINA
VINAGRE DE JEREZ
ACEITE DE GIRASOL
ACEITE DE OLIVA VIRGEN 0,4°
AZÚCAR
AZÚCAR LUSTRE

CÓMO ORGANIZARSE

DURACIÓN ESTIMADA **2 horas**

ENSALADA CÉSAR

HAMBURGUESA CON QUESO
Y PATATAS CHIPS

TARTA DE SANTIAGO

1

2 horas antes de comer haga la
tarta de Santiago.

2

½ hora antes haga la salsa César y
limpie la lechuga.

3

Desmolde la tarta y déjela
preparada para el postre.

4

5 minutos antes de comer cocine
la hamburguesa.

5

Termine la ensalada César y
dispóngala en una fuente.

6

Caliente el pan de la hamburguesa
y móntela a su gusto.

ENSALADA CÉSAR

INGREDIENTES	PARA CASA		PROFESIONAL	
	PARA 2 PERSONAS	PARA 6 PERSONAS	PARA 20	PARA 75
EN EL MERCADO				
LECHUGA ROMANA PEQUEÑA	1 u.	1 ½ u.	2 kg	7,5 kg
EN LA NEVERA				
PARMESANO RALLADO	20 g	60 g	200 g	750 g
FILETES DE ANCHOA*	2 u.	6 u.	40 g	120 g
HUEVOS*	1 u.	3 u.	2 u.	6 u.
PARMESANO RALLADO*	20 g	60 g	80 g	300 g
EN LA DESPENSA				
PICATOSTES	30 g	90 g	30 g	100 g
AJO*	½ diente	1½ dientes	4 dientes	12 dientes
VINAGRE DE JEREZ*	1 cucharada	3 cucharadas	8 ml	30 ml
ACEITE DE GIRASOL*	5 cucharadas	100 ml	400 ml	1,5 l

* Para la salsa.

1 Separe las yemas de las claras.

2 Triture con un batidor eléctrico los ajos pelados y los filetes de anchoa junto con las yemas. Vaya añadiendo el aceite mientras tritura para emulsionar.

3 Añada el parmesano rallado y el vinagre.

4 Limpie la lechuga y córtela en trozos de 4 cm.

5 Mezcle la lechuga con la salsa y disponga la ensalada en una fuente.

6 Añada los picatostes y termine espolvoreando con el parmesano rallado.

AYUDA

— El aceite de girasol se puede reemplazar por aceite de oliva 0,4º.

— Si no dispone de lechuga romana puede reemplazarla por una lechuga iceberg.

HAMBURGUESA CON QUESO Y PATATAS CHIPS

INGREDIENTES	PARA CASA		PROFESIONAL	
	PARA 2 PERSONAS	PARA 6 PERSONAS	PARA 20	PARA 75
EN EL MERCADO				
HAMBURGUESAS DE TERNERA DE 135 G	2 u.	6 u.	20 u.	75 u.
PANECILLOS DE HAMBURGUESA	2 u.	6 u.	20 u.	75 u.
EN LA NEVERA				
LONCHAS DE QUESO	2 u.	6 u.	20 u.	75 u.
EN LA DESPENSA				
ACEITE DE OLIVA 0,4°	3 cucharadas	9 cucharadas	400 ml	1,5 l
PATATAS CHIPS	50 g	150 g	500 g	2 kg

Nota: puede acompañar la hamburguesa con tomate, lechuga, pepinillo, mostaza, ketchup, etc. También puede añadir cebolla pochada (ver pág. 59).

Si quiere elaborar las hamburguesas en el ámbito profesional, las proporciones de ingredientes y la elaboración son las siguientes:

INGREDIENTES	PARA 20 PERSONAS	PARA 75 PERSONAS
CARNE DE TERNERA PICADA	2,2 kg	8 kg
LECHE ENTERA	65 ml	250 ml
HUEVO	4 u.	15 u.
PAN BLANCO	65 g	250 g
SAL	22 g	80 g
PIMIENTA BLANCA	6 g	20 g

1 Desmigue el pan y póngalo en remojo en la leche durante 5 minutos.

2 Mezcle la carne con los huevos y el pan remojado. Ponga a punto de sal y pimienta blanca. La mezcla tiene que quedar uniforme.

3 Forme hamburguesas de unos 135 g.

1 Cocine las hamburguesas en una sartén o una plancha a fuego medio.

2 Corte los panes por la mitad y caliéntelos ligeramente en la plancha.

3 Ponga la hamburguesa y una loncha de queso sobre una mitad del pan, y cierre con la otra mitad. Sirva con las patatas chips.

TARTA DE SANTIAGO

INGREDIENTES	PARA CASA	PROFESIONAL	
	PARA 1 TARTA*	PARA 20	PARA 75
EN LA NEVERA			
LIMÓN (piel)	½ u.	1 u.	2 u.
MANTEQUILLA	5 g	10 g	30 g
HUEVOS	3 u.	6 u.	22 u.
EN LA DESPENSA			
AZÚCAR	150 g	300 g	1 kg
HARINA DE ALMENDRA CRUDA	150 g	300 g	1 kg
CANELA EN POLVO	1 pizca	1,5 g	5 g
HARINA	1 cucharada	10 g	30 g
AZÚCAR LUSTRE	15 g	30 g	90 g

*La cantidad mínima aconsejable
de esta receta equivale
a cocinar una tarta.*

1 Mezcle los huevos con el azúcar y monte con un batidor de mano o eléctrico, hasta obtener una mezcla bien montada.

2 Mezcle en otro bol la harina de almendra con la canela en polvo y la piel de limón rallada.

3 Incorpore la mezcla de harina de almendra a la de huevos y azúcar. Mezcle con una espátula.

4 Disponga la masa en un molde (30 x 50 cm aprox.) con papel de horno y las paredes embadurnadas con mantequilla y harina. La masa debe alcanzar unos 1,5 cm.

5 Ponga a cocer en el horno unos 17 minutos a 180 ºC.

6 Saque del horno y deje atemperar. Desmolde la tarta, córtela y espolvoree azúcar lustre por encima, con la ayuda de un colador.

AYUDA

— Se puede aromatizar con un vino dulce o con oporto, añadiéndolo en el punto 3.

MENÚ
19

/ MACARRONES
   A LA BOLOÑESA

// SUQUET DE CABALLA

/// COOKIES DE CHOCOLATE

INGREDIENTES PARA EL MENÚ

EN EL MERCADO
TOMATE MADURO
PEREJIL FRESCO
CABALLA DE 350 G

EN LA NEVERA
PARMESANO RALLADO
MANTEQUILLA
ALIOLI (pág. 67)
HUEVOS

EN EL CONGELADOR
CALDO DE PESCADO (pág. 54)
SALSA BOLOÑESA (pág. 61)

EN LA DESPENSA
PATATAS NUEVAS
MACARRONES
AJO
PIMENTÓN DULCE
VAINILLA EN RAMA
5 ESPECIAS
CHOCOLATE
CHOCOLATE BLANCO Y NEGRO
MAICENA EXPRÉS
HARINA DE TRIGO
CAFÉ SOLUBLE
ACEITE DE OLIVA VIRGEN EXTRA
ACEITE DE OLIVA 0,4°

AZÚCAR
SAL
PIMIENTA NEGRA

CÓMO ORGANIZARSE

DURACIÓN ESTIMADA **1½ hora**

MACARRONES
A LA BOLOÑESA

SUQUET DE CABALLA

COOKIES DE CHOCOLATE

1

1½ hora antes haga la masa de
las cookies y congélela.

2

A continuación prepare todos los
ingredientes para el suquet.

3

45 minutos antes haga el suquet
siguiendo las indicaciones.

4

Corte y cueza las cookies en el
horno.

5

Ponga el agua para la pasta a hervir.

6

10 minutos antes cueza la pasta y
caliente la salsa boloñesa.

7

Termine el suquet de caballa.

8

Sirva los macarrones con la
boloñesa encima y el parmesano
rallado aparte.

9

Sirva el suquet de caballa en un
plato sopero.

10

A la hora del postre sirva las
cookies.

MACARRONES A LA BOLOÑESA

INGREDIENTES	PARA CASA		PROFESIONAL	
	PARA 2 PERSONAS	PARA 6 PERSONAS	PARA 20	PARA 75
EN LA NEVERA				
PARMESANO RALLADO	60 g	180 g	600 g	2 kg
EN EL CONGELADOR				
SALSA BOLOÑESA (pág. 61)	180 g	540 g	2 kg	7,5 kg
EN LA DESPENSA				
MACARRONES	200 g	600 g	2 kg	7,5 kg
ACEITE DE OLIVA VIRGEN EXTRA	40 ml	120 ml	400 ml	1,5 l
SAL	—	—	—	—
AGUA (para hervir la pasta)	1,5 l	3,5 l	10 l	25 l

Nota: ver página 47 para una óptima cocción de la pasta.

1 Caliente la salsa boloñesa.

2 Cueza los macarrones en agua hirviendo con sal durante 8 minutos. Cuélelos y escúrralos.

3 Añada un poco de aceite para que no se peguen.

4 Sirva los macarrones con una buena cucharada de salsa boloñesa encima.

5 Acompañe con un bol de parmesano para que cada comensal se sirva a su gusto.

AYUDA

— Recuerde sacar la salsa boloñesa del congelador el día antes de realizar el menú.

SUQUET DE CABALLA

INGREDIENTES	PARA CASA		PROFESIONAL	
	PARA 2 PERSONAS	PARA 6 PERSONAS	PARA 20	PARA 75
EN EL MERCADO				
CABALLA DE 350 G	1 u.	3 u.	10 u.	38 u.
PEREJIL FRESCO (picado)	2 cucharadas	4 cucharadas	85 g	325 g
TOMATE MADURO (rallado)	2 cucharadas	6 cucharadas	1 kg (en rama)	4 kg (en rama)
EN LA NEVERA				
ALIOLI (pág. 67)	½ cucharada	1 cucharada	100 g	300 g
EN EL CONGELADOR				
CALDO DE PESCADO (pág. 54)	400 g	½ l	4 l	12 l
EN LA DESPENSA				
PATATAS NUEVAS	250 g	750 g	2,5 kg	9 kg
ACEITE DE OLIVA 0,4°	2 cucharadas	5 cucharadas	250 ml	700 ml
AJO	2 dientes	5 dientes	50 g	150 g
PIMENTÓN DULCE	1 cucharadita	2 cucharaditas	1 cucharada	20 g
MAICENA EXPRÉS	1 cucharadita	1 cucharada	80 g	250 g
SAL	—	—	—	—
PIMIENTA NEGRA	—	—	—	—

1 Limpie las caballas, quite la cabeza, tripas y punta de la cola. Corte cada cuerpo en dos trozos.

2 Pele y corte las patatas en trozos de unos 3 cm.

3 Deshoje y pique el perejil, pique los ajos, ralle los tomates y deje que suelten el agua encima de un colador.

4 Dore el ajo en una cazuela con el aceite. Cuando empiece a dorarse añada la mitad del perejil. Seguidamente añada el tomate y deje cocer 5 minutos.

5 Añada el pimentón, rehogue y añada las patatas. Moje con la mitad del caldo y cueza 20 minutos.

6 Ponga la caballa a punto de sal y pimienta e incorpore a la cazuela primero los trozos más grandes, y luego, las colas.

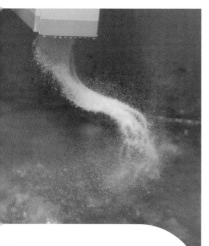

AYUDA

— El alioli se puede sustituir por una picada.

— La elaboración que se realiza con ajo, aceite, perejil y tomate representa casi un sofrito instantáneo.

— En lugar de maicena puede utilizar un poco de patata machacada.

7 Ponga a punto de sal y añada caldo si es necesario; ligue con maicena exprés. Remueva con cuidado para que la patata y la caballa no se rompan.

8 Deje cocer 5 minutos más. Después de apagar el fuego añada el alioli diluido con un poco de caldo. Para terminar, reparta el resto del perejil y ponga a punto de sal.

COOKIES DE CHOCOLATE

INGREDIENTES	PARA CASA	PROFESIONAL
	PARA 20 COOKIES*	PARA 100 COOKIES
EN LA NEVERA		
MANTEQUILLA	1 cucharada	85 g
HUEVO	1 u.	5 u.
EN LA DESPENSA		
CHOCOLATE	120 g	600 g
CHOCOLATE BLANCO Y NEGRO (troceado a partes iguales)	45 g	450 g
AZÚCAR	80 g	400 g
HARINA DE TRIGO	1 cucharada	85 g
5 ESPECIAS (en polvo)	¼ cucharadita	1 cucharadita
CAFÉ SOLUBLE	¼ cucharadita	1 cucharadita
VAINILLA (en rama)	¼ u.	1 u.

* Para esta receta no indicamos los ingredientes para dos personas, ya que la cantidad mínima aconsejable es para realizar 20 cookies.

1 Abra las vainas de vainilla por la mitad y extraiga las semillas interiores con un cuchillo.

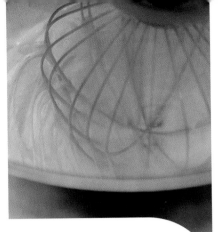

2 Junte los huevos con el azúcar y monte con un batidor de mano. Añada las semillas de vainilla.

3 Atempere la mantequilla y mézclela con el chocolate fundido.

4 Mezcle los huevos montados con la mezcla de mantequilla y chocolate con la ayuda de una espátula.

5 Junte el resto de ingredientes (harina, chocolates, café soluble y especias) e incorpórelos a la masa anterior mezclando con una lengua.

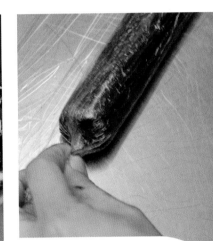

6 Disponga la masa obtenida sobre un papel film y enróllelo obteniendo un tubo de unos 4 cm de diámetro.

7 Congele la masa para cortarla con comodidad. Córtela en discos de 1 cm de grosor.

8 Disponga los discos sobre una bandeja de horno con papel para que no se pegue y cueza a 180 ºC durante 10 minutos.

AYUDA

— 5 especias es una mezcla de especias secas que contiene hinojo, cardamomo, anís, pimienta de Sechuan y canela.

MENÚ
20

/ COLIFLOR GRATINADA
CON BECHAMEL

// COSTILLAS DE CERDO
CON SALSA BARBACOA

/// PLÁTANO A LA LIMA

INGREDIENTES PARA EL MENÚ

EN EL MERCADO
- COLIFLOR
- PLÁTANOS
- COSTILLAR DE CERDO (sin cortar)

EN LA NEVERA
- NARANJAS
- LIMAS
- PARMESANO RALLADO
- LECHE ENTERA
- MANTEQUILLA

EN LA DESPENSA
- CEBOLLA
- CLAVO
- LAUREL SECO
- NUEZ MOSCADA (en polvo)
- HARINA DE TRIGO
- SALSA BARBACOA
- ACEITE DE OLIVA VIRGEN EXTRA
- AZÚCAR
- SAL
- PIMIENTA BLANCA

CÓMO ORGANIZARSE

DURACIÓN ESTIMADA **2 horas**

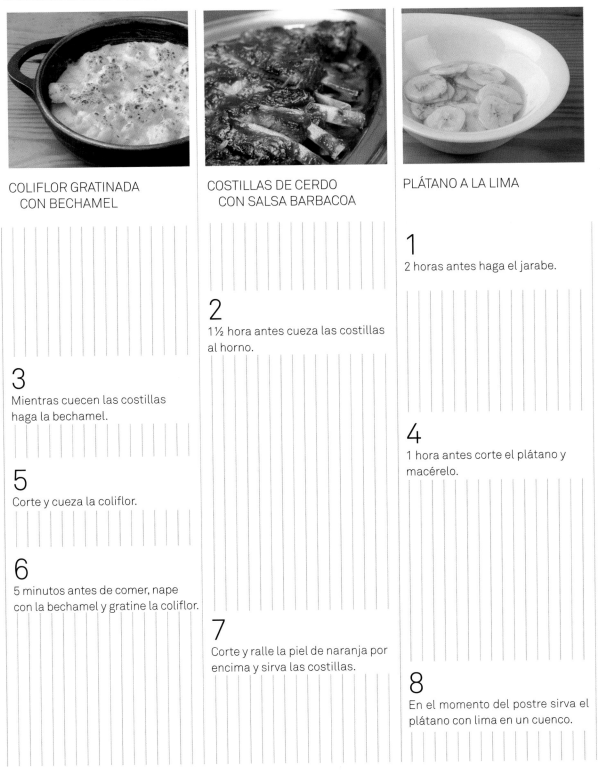

COLIFLOR GRATINADA CON BECHAMEL

COSTILLAS DE CERDO CON SALSA BARBACOA

PLÁTANO A LA LIMA

1

2 horas antes haga el jarabe.

2

1½ hora antes cueza las costillas al horno.

3

Mientras cuecen las costillas haga la bechamel.

4

1 hora antes corte el plátano y macérelo.

5

Corte y cueza la coliflor.

6

5 minutos antes de comer, nape con la bechamel y gratine la coliflor.

7

Corte y ralle la piel de naranja por encima y sirva las costillas.

8

En el momento del postre sirva el plátano con lima en un cuenco.

COLIFLOR GRATINADA CON BECHAMEL

INGREDIENTES	PARA CASA		PROFESIONAL	
	PARA 2 PERSONAS	PARA 6 PERSONAS	PARA 20	PARA 75
EN EL MERCADO				
COLIFLOR	½ u.	1½ u.	4 u. (de 1 kg)	15 u. (de 1 kg)
EN LA NEVERA				
PARMESANO RALLADO	40 g	120 g	400 g	1,5 l
LECHE ENTERA	300 ml	900 ml	3 l	10 kg
MANTEQUILLA	1 cucharada	3 cucharadas	100 g	375 g
EN LA DESPENSA				
ACEITE DE OLIVA VIRGEN EXTRA	4 cucharadas	12 cucharadas	80 ml	300 ml
LAUREL SECO	¼ de hoja	½ hoja	3 hojas	6 hojas
NUEZ MOSCADA (en polvo)	1 pizca	2 pizcas	0,3 g	1 g
PIMIENTA BLANCA	1 pizca	2 pizcas	0,3 g	1 g
CLAVO	—	1 u.	2 u.	6 u.
CEBOLLA	—	1 u. (pequeña)	1 u. (mediana)	1 u. (mediana)
HARINA DE TRIGO	1 cucharada	3 cucharadas	100 g	375 g
SAL	—	—	—	—

1 Caliente la leche.
Ponga la mantequilla a calentar en un cazo y añada la harina. Remueva hasta que la mezcla quede homogénea y bien dorada.

2 Cuando la leche hierva, añádala poco a poco a la mezcla de mantequilla y harina, mezclando con un batidor de mano para que no se formen grumos.

3 Añada la cebolla pelada con el clavo clavado, la hoja de laurel y la pimienta blanca. Deje cocer durante 20 minutos a fuego lento procurando que no se pegue.

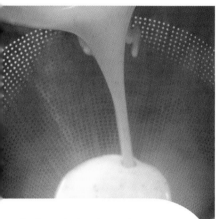

4 Pase la bechamel por un colador y ponga a punto de sal y nuez moscada.

5 Limpie la coliflor, retirando el tallo y las hojas. Córtela en ramilletes no muy grandes, de unos 3 cm.

6 Ponga agua a hervir e introduzca la coliflor. Cueza durante 8 minutos.

7 Una vez cocida escúrrala procurando que no se rompa. Alíñela con sal, pimienta blanca recién molida y aceite de oliva virgen extra.

8 Disponga una capa de bechamel en la fuente de servicio, la coliflor aliñada y cubra con otra capa de bechamel.
Espolvoree con parmesano y gratine.

AYUDA

— En la receta para 2 personas, no pondremos la cebolla con el clavo, porque al cocinar tan poca cantidad, el tiempo de cocción de la bechamel es muy corto y la cebolla no se cocería, con lo que la bechamel sabría a cebolla cruda.

COSTILLAS DE CERDO CON SALSA BARBACOA

INGREDIENTES	PARA CASA		PROFESIONAL	
	PARA 2 PERSONAS	PARA 6 PERSONAS	PARA 20	PARA 75
EN EL MERCADO				
COSTILLAR DE CERDO (sin cortar)	6 u. (costillas)	1 u. (1,5 kg)	4 u.	15 u.
EN LA NEVERA				
NARANJA	¼ u.	½ u.	2 u.	4 u.
EN LA DESPENSA				
SALSA BARBACOA	100 g	300 g	2 kgl	6 kg
SAL	—	—	4 g	14 g
AGUA	100 ml	300 ml	2 l	6 l

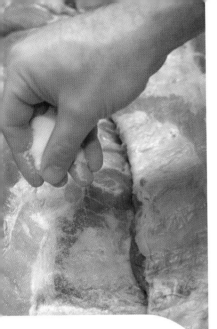

1 Ponga los costillares a punto de sal en una bandeja de horno, de modo que la carne quede en la parte superior.

2 Reparta la salsa barbacoa por encima del costillar, para que quede bien impregnado por la salsa.

3 Añada el agua por encima de las costillas, diluyendo un poco la salsa.

4 Cueza en el horno durante 90 minutos a 180 °C, recuperando la salsa cada 20 minutos y salseando la costilla para que no quede seca.

5 Una vez cocidas, corte las costillas, dispóngalas en la fuente de servicio y salsee con la salsa bien caliente.

6 Termine con ralladura de piel de naranja por encima de las costillas.

AYUDA

— Si desea hacer la salsa barbacoa casera, puede realizar la receta indicada en el apartado de recetas base (pág. 65).

PLÁTANO A LA LIMA

INGREDIENTES	PARA CASA		PROFESIONAL	
	PARA 2 PERSONAS	PARA 6 PERSONAS	PARA 20	PARA 75
EN EL MERCADO				
PLÁTANOS	2 u.	6 u.	20 u.	75 u.
EN LA NEVERA				
LIMA	½ u.	2 u.	8 u.	16 u.
EN LA DESPENSA				
AZÚCAR	2 cucharadas	75 g	500 g	1,5 kg
AGUA	4 cucharadas	150 ml	750 ml	2 l

1 Ponga el agua y el azúcar a hervir. Cuando el azúcar esté disuelto retire del fuego y deje enfriar.

2 Ralle la piel de las limas en el jarabe frío.

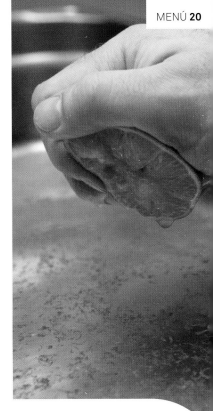

3 Exprima las limas y mezcle el zumo obtenido con el jarabe.

4 Pele los plátanos y córtelos a rodajas finas de 0,3 cm de grosor.

5 Introduzca el plátano cortado en la mezcla de jarabe y macere en la nevera durante 1 hora.

MENÚ
21

/ GAZPACHO

// ARROZ NEGRO CON SEPIA

/// PAN CON CHOCOLATE
Y ACEITE DE OLIVA

INGREDIENTES PARA EL MENÚ

EN EL MERCADO
TOMATE MADURO
PEPINO
PIMIENTO ROJO
SEPIA FRESCA LIMPIA
PAN DE HOGAZA

EN LA NEVERA
MAYONESA

EN EL CONGELADOR
CALDO DE PESCADO (pág. 54)
PICADA (pág. 58)
SOFRITO (pág. 59)
TINTA DE CALAMAR

EN LA DESPENSA
CEBOLLA
AJO
PICATOSTES
ARROZ
CHOCOLATE
VINAGRE DE JEREZ
ACEITE DE OLIVA VIRGEN EXTRA
ACEITE DE OLIVA 0,4º
SAL EN ESCAMAS
SAL
PIMIENTA NEGRA

CÓMO ORGANIZARSE

DURACIÓN ESTIMADA **¾ h**

GAZPACHO

ARROZ NEGRO CON SEPIA

PAN CON CHOCOLATE
Y ACEITE DE OLIVA

1

45 minutos antes de comer
haga el gazpacho y guárdelo en
la nevera.

2

25 minutos antes corte la sepia y
caliente el caldo.

3

20 minutos antes cocine el arroz.

4

Mientras cocina el arroz ralle el
chocolate

5

Sirva el gazpacho con los
picatostes en un bol aparte.

6

Sirva el arroz negro; si lo desea,
con alioli o mayonesa.

7

En el momento del postre tueste
el pan y termínelo con el chocolate, el aceite y la sal en escamas.

GAZPACHO

INGREDIENTES	PARA CASA		PROFESIONAL	
	PARA 2 PERSONAS	PARA 6 PERSONAS	PARA 20	PARA 75
EN EL MERCADO				
TOMATE MADURO	320 g (4 u.)	1 kg	3,2 kg	12 kg
PEPINO (pelado)	20 g	60 g	200 g	750 g
PIMIENTO ROJO (limpio)	25 g	75 g	300 g	1 kg
PAN DE HOGAZA	10 g (½ rebanada)	30 g (1 rebanada)	80 g	300 g
EN LA NEVERA				
MAYONESA	1 cucharada	3 cucharadas	150 g	500 g
EN LA DESPENSA				
ACEITE DE OLIVA 0,4°	4 cucharadas	90 ml	600 ml	2 l
VINAGRE DE JEREZ	1 cucharada	3 cucharadas	80 ml	300 ml
CEBOLLA	½ u.	1 u.	120 g	400 g
AJO	1 diente	3 dientes	50 g	150 g
PICATOSTES	40 g	120 g	400 g	1,5 kg
SAL	—	—	—	—
PIMIENTA NEGRA	—	—	—	—
AGUA	6 cucharadas	120 ml	400 ml	1,5 l

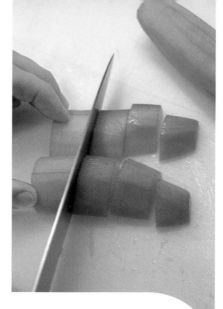

1 Pele y elimine el interior de los ajos, blanquée tres veces partiendo siempre de agua fría.

2 Pele la cebolla y el pepino. Quite el tallo, despepite y limpie el pimiento rojo.

3 Triture la cebolla, el pepino, el pimiento rojo, el tomate, el pan, el ajo y el agua con un batidor eléctrico.

4 Pase el gazpacho por un colador fino.

5 Añada el aceite, el vinagre y la mayonesa, ponga a punto de sal y pimienta negra recién molida.

6 Mezcle bien y guarde el gazpacho en la nevera. Sirva el gazpacho en un plato hondo acompañado con los picatostes.

AYUDA

— Recuerde que uno de los productos comerciales que más se acercan a la elaboración casera es el gazpacho. Puede ser una buena opción para el día en que no tenga tiempo de cocinarlo.

— Añadimos la mayonesa para dar cremosidad al gazpacho.

— Este gazpacho se puede congelar para otras ocasiones.

— Dadas las características de este menú se recomienda realizarlo en días de calor.

— Si lo desea puede aliñar el gazpacho con aceite de oliva virgen extra.

ARROZ NEGRO CON SEPIA

INGREDIENTES	PARA CASA		PROFESIONAL	
	PARA 2 PERSONAS	PARA 6 PERSONAS	PARA 20	PARA 75
EN EL MERCADO				
SEPIA FRESCA LIMPIA	200 g	600 g	2 kg	7 kg
EN EL CONGELADOR				
CALDO DE PESCADO (pág. 54)	600 ml	1,8 l	6 l	22 l
PICADA (pág. 58)	1 cucharada	30 g	120 g	400 g
SOFRITO (pág. 59)	2 cucharadas	80 g	300 g	1 kg
TINTA DE CALAMAR	2 sobres de 4 g/u.	5 sobres de 4 g/u.	60 g	200 g
EN LA DESPENSA				
ARROZ	200 g	600 g	2 kg	7 kg
ACEITE DE OLIVA 0,4°	2 cucharadas	70 ml	200 ml	750 ml
SAL	—	—	—	—

1 Corte la sepia en cuadrados de 2 cm. (Si compra la sepia sucia, límpiela y guarde la tinta y el bazo interior.)
Ponga el caldo a calentar.

2 Rehogue la sepia con el aceite caliente. Añada el sofrito y cueza a fuego medio 10 minutos, añadiendo un poco de agua si fuera necesario.

3 Añada el arroz y sofría 2 minutos.

4 Moje el arroz con el caldo caliente y cueza sin dejar de remover. Vaya añadiendo el caldo en pequeñas cantidades a medida que el arroz vaya absorbiéndolo.

5 A los 5 minutos añada la tinta previamente disuelta en un poco de caldo caliente.

6 A los 17 minutos añada la picada y ponga a punto de sal. Caso de contar con los bazos, añádalos al arroz triturados y colados en el último momento.

AYUDA

— El arroz se puede acompañar con alioli.

— Recuerde que si dispone en su congelador de caldo, sofrito y picada le resultará muy fácil hacer los arroces que se proponga.

PAN CON CHOCOLATE Y ACEITE DE OLIVA

INGREDIENTES	PARA CASA		PROFESIONAL	
	PARA 2 PERSONAS	PARA 6 PERSONAS	PARA 20	PARA 75
EN EL MERCADO				
PAN DE HOGAZA DE ½ KG (cortado)	2 rebanadas	6 rebanadas	2 u.	8 u.
EN LA DESPENSA				
CHOCOLATE	60 g	180 g	600 g	2 kg
ACEITE DE OLIVA VIRGEN EXTRA	2 cucharadas	60 ml	200 ml	750 ml
SAL EN ESCAMAS	—	—	12 g	40 g

1 Ralle el chocolate con un rallador grueso.

2 Tueste las rebanadas de pan.

3 Reparta el chocolate rallado encima de las tostadas todavía calientes, para que cubra toda la superficie.

4 Aliñe la tostada con el aceite de oliva virgen extra.

5 Termine con las escamas de sal.

MENÚ
22

/ GUISANTES CON JAMÓN

// POLLO A L'AST
CON PATATAS PAJA

/// PIÑA, MIEL Y LIMA

INGREDIENTES PARA EL MENÚ

EN EL MERCADO
PIÑA
MENTA FRESCA
JAMÓN CURADO
GRASA DE JAMÓN
POLLO DE 1,2 KG

EN LA NEVERA
LIMÓN
LIMA

EN EL CONGELADOR
GUISANTES
CALDO DE JAMÓN (pág. 57)

EN LA DESPENSA
CEBOLLA PEQUEÑA
AJO
CANELA EN RAMA
HIERBAS PARA POLLO ASADO
MIEL DE CAÑA
PATATAS PAJA
VINO BLANCO
ACEITE DE OLIVA 0,4º
SAL

CÓMO ORGANIZARSE

DURACIÓN ESTIMADA **1½ hora**

GUISANTES CON JAMÓN

POLLO A L'AST
CON PATATAS PAJA

PIÑA, MIEL Y LIMA

1

1½ hora antes prepare y ponga a asar el pollo.

2

½ hora antes cocine los guisantes.

3

Corte la piña y póngala en una fuente de servicio.

4

5 minutos antes haga la salsa del pollo y córtelo.

5

Termine y sirva los guisantes.

6

Ponga el pollo en la bandeja y salsee. Sirva aparte las patatas paja.

7

En el momento del postre termine la piña con la lima y la miel de caña.

GUISANTES CON JAMÓN

INGREDIENTES	PARA CASA		PROFESIONAL	
	PARA 2 PERSONAS	PARA 6 PERSONAS	PARA 20	PARA 75
EN EL MERCADO				
LONCHAS DE JAMÓN CURADO	2 lonchas	6 lonchas	300 g	1 kg
MENTA FRESCA	8 hojas	24 hojas	25 g	85 g
GRASA DE JAMÓN	10 g	30 g	120 g	425 g
EN EL CONGELADOR				
GUISANTES	300 g	900 g	3 kg	10 kg
CALDO DE JAMÓN (pág. 57)	8 cucharadas	60 ml	400 ml	1,5 l
EN LA DESPENSA				
CEBOLLA PEQUEÑA	1 u.	3 u.	300 g	1 kg
ACEITE DE OLIVA 0,4º	1 cucharada	3 cucharadas	40 ml	150 ml
CANELA EN RAMA	1 pizca	2 pizcas	0,7 g	2,5 g
SAL	—	—	—	—

1 Corte el jamón en juliana de unos 0,2 cm de ancho y 3 cm de largo. Pique la grasa de jamón en trocitos pequeños.

2 Ponga a pochar la cebolla con el aceite, añada los trozos de jamón y de grasa y rehogue 2 minutos.

3 Incorpore los guisantes congelados y rehogue 4 minutos.

4 Añada la canela y las hojas de menta, y deje cocer con la olla tapada 5 minutos. Añada el caldo de jamón y cocine 5 minutos más.

5 Apague el fuego y deje reposar 5 minutos con la olla tapada. Retire 1/10 parte de los guisantes y tritúrelos con un batidor eléctrico.

6 Añada esta crema a los guisantes, para obtener una salsa más cremosa.

7 Ponga a punto de sal y sirva los guisantes en los platos.

AYUDA

— Se puede emplear jamón serrano, ibérico, de Bayona, de Parma u otros tipos de jamón curado.

— Se puede reemplazar el caldo de jamón por caldo de verdura, pollo o carne.

— En temporada de guisantes, la receta también se puede hacer con guisantes frescos, aunque el precio será más alto.

— En el mundo profesional retiramos 1/20 parte de los guisantes (ver punto 5), ya que 1/10 parte sería excesivo.

POLLO A L'AST CON PATATAS PAJA

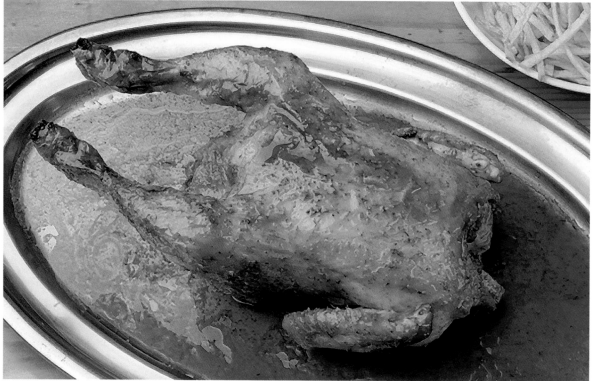

INGREDIENTES	PARA CASA	PROFESIONAL	
	PARA 4 PERSONAS*	PARA 20	PARA 75
EN EL MERCADO			
POLLO DE 1,2 KG	1 u.	5 u.	19 u.
EN LA NEVERA			
LIMÓN	½ u.	3 u.	7 u.
EN LA DESPENSA			
ACEITE DE OLIVA 0,4°	2 cucharadas	180 ml	650 ml
AJO	2 dientes	40 g	150 g
HIERBAS PARA POLLO ASADO	1 bolsita	20 g	90 g
VINO BLANCO	3 cucharadas	60 ml	200 ml
PATATAS PAJA	1 bolsa (de unos 100 g)	500 g	1,5 kg
SAL	—	30 g	100 g
AGUA	4 cucharadas	120 ml	450 ml

* En este caso indicamos las cantidades para 4 personas, ya que esta receta requiere hacer un pollo entero.

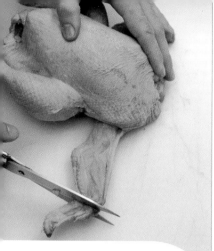

1 Limpie el pollo, retirando la cabeza, los interiores y los restos de plumas. Dispóngalo en una bandeja de horno y embadúrnelo con aceite de oliva.

2 Ponga la sal encima y dentro del pollo. Ralle la piel de limón sobre el pollo y ponga el resto del limón, cortado en trozos, y el ajo sin pelar en su interior. Embadurne el pollo con la mezcla de hierbas.

3 Ponga a cocer en el horno a 200 °C, durante 25 minutos con las pechugas hacia abajo y 35 minutos hacia arriba. Retire el pollo de la bandeja de horno.

4 Desglase el jugo de la bandeja con el vino blanco y déjelo reducir. Añada el agua y deje reducir el jugo de cocción, consiguiendo una salsa consistente y sabrosa.

5 Corte el pollo en 10 trozos y dispóngalos en una bandeja. Reparta el jugo de cocción y sirva acompañado con patatas paja aparte.

AYUDA

— En el mundo profesional, la receta para las hierbas para pollo sería la siguiente:

INGREDIENTES	PARA 20 PERSONAS	PARA 75 PERSONAS
PIMIENTA NEGRA EN GRANO	6 g	20 g
LAUREL SECO	8 g	30 g
TOMILLO SECO EN RAMA DESHOJADO	40 g	150 g
ROMERO SECO EN RAMA DESHOJADO	100 g	325 g

Triture con la ayuda de un vaso americano el tomillo, el laurel, el romero y las bolas de pimienta hasta conseguir un polvo fino.

PIÑA, MIEL Y LIMA

INGREDIENTES	PARA CASA		PROFESIONAL	
	PARA 2 PERSONAS	PARA 6 PERSONAS	PARA 20	PARA 75
EN EL MERCADO				
PIÑA	½ u.	1 u.	4 u.	10 u.
EN LA NEVERA				
LIMA	½ u.	1½ u.	3 u.	8 u.
EN LA DESPENSA				
MIEL DE CAÑA	2 cucharadas	6 cucharadas	225 g	800 g

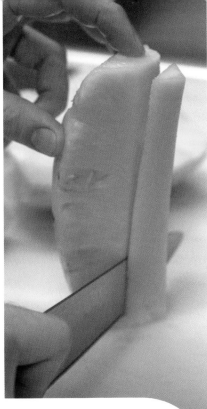

1 Pele la piñas y corte trozos longitudinales de unos 4 cm de grosor.

2 Elimine la parte dura central de la piña.

3 Corte cada uno de los trozos en rodajas de 1 cm.

AYUDA

— Si no dispone de miel de caña puede emplear cualquier tipo de miel.

— Se puede elaborar la piña en cuartos y servirla dentro de su cáscara.

4 Ralle la piel de la lima y exprímala encima de la piña.

5 Reparta la miel por encima de la piña con lima.

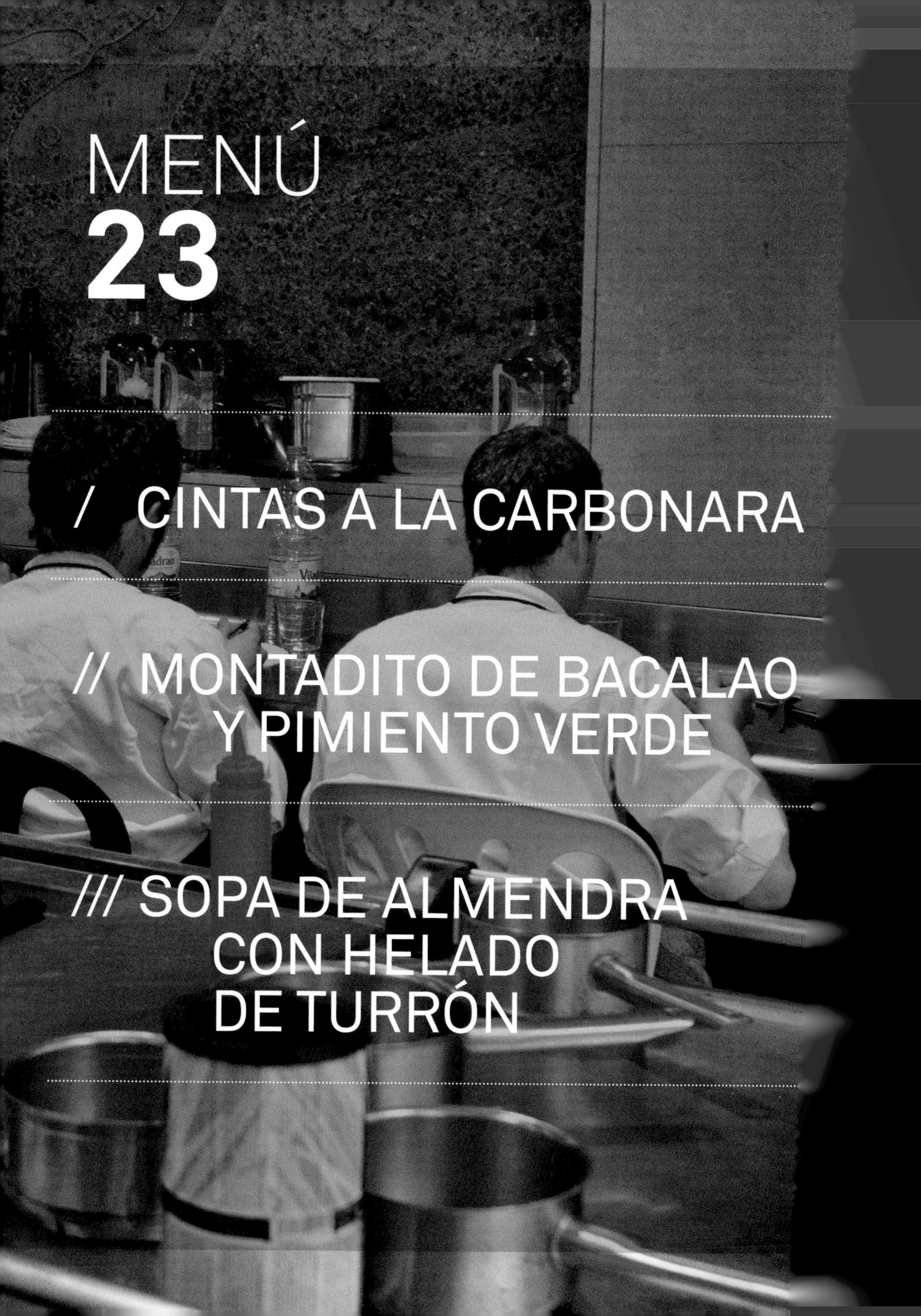

MENÚ
23

/ CINTAS A LA CARBONARA

// MONTADITO DE BACALAO
Y PIMIENTO VERDE

/// SOPA DE ALMENDRA
CON HELADO
DE TURRÓN

INGREDIENTES PARA EL MENÚ

EN EL MERCADO
- PIMIENTOS VERDES ITALIANOS
- FILETE DE BACALAO FRESCO
- PAN DE HOGAZA CORTADO

EN LA NEVERA
- BACON AHUMADO
- PARMESANO RALLADO
- NATA LÍQUIDA 35 % M.G.
- MAYONESA
- HUEVOS

EN EL CONGELADOR
- HELADO DE TURRÓN

EN LA DESPENSA
- GRANILLO DE ALMENDRA CRUDA
- ALMENDRAS GARRAPIÑADAS
- CINTAS AL HUEVO
- HARINA DE TRIGO
- ACEITE DE GIRASOL
- ACEITE DE OLIVA 0,4º
- AZÚCAR
- SAL
- PIMIENTA NEGRA

CÓMO ORGANIZARSE

DURACIÓN ESTIMADA **40 minutos**

CINTAS A LA CARBONARA

MONTADITO DE BACALAO
Y PIMIENTO VERDE

SOPA DE ALMENDRA
CON HELADO DE TURRÓN

1
El día anterior hidrate la
almendra granillo.

3
35 minutos antes haga la salsa
carbonara y ponga el agua a
hervir.

2
40 minutos antes de comer haga
la sopa de almendra y guárdela
en la nevera.

4
Limpie el bacalao.

5
20 minutos antes fría el bacalao
y los pimientos.

6
8 minutos antes cueza las cintas.

7
Antes de comer tueste el pan y
monte los montaditos. Sirva la
mayonesa aparte.

8
Termine y sirva la pasta con el
parmesano rallado esparcido por
encima.

9
En el momento del postre
disponga en un cuenco 3 almendras garrapiñadas, 1 bola de
helado de turrón y la sopa de
almendra alrededor.

CINTAS A LA CARBONARA

INGREDIENTES	PARA CASA		PROFESIONAL	
	PARA 2 PERSONAS	PARA 6 PERSONAS	PARA 20	PARA 75
EN LA NEVERA				
BACON AHUMADO	120 g	360 g	1,2 kg	4 kg
NATA LÍQUIDA 35 % M.G.	200 ml	600 ml	2,2 l	9 l
PARMESANO RALLADO	4 cucharadas	150 g	500 g	2 kg
HUEVOS (yemas)	2 u.	6 u.	450 g	1,5 kg
EN LA DESPENSA				
CINTAS AL HUEVO	200 g	600 g	2 kg	7,5 kg
ACEITE DE OLIVA 0,4°	2 cucharadas	90 ml	300 ml	1 l
SAL	—	—	30 g	110 g
PIMIENTA NEGRA	—	—	—	—
AGUA (para hervir la pasta)	1,5 l	3,5 l	10 l	25 l

Nota: ver página 47 para una óptima cocción de la pasta.

1 Quite la corteza del bacon y córtelo en tiras. Corte estas tiras en juliana.

2 Dore el bacon en una sartén a fuego lento. Añada la nata, guardando ⅛ parte. Cueza 20 minutos a fuego lento. Ponga a punto de pimienta negra y retire del fuego.

3 Ponga el agua a hervir con la sal y cueza las cintas 7 minutos.

4 Diluya las yemas de huevo con la nata que habrá guardado.

5 Escurra la pasta y añada la crema de bacon. Sin parar de mezclar incorpore las yemas diluidas con un poco de nata liquida.

6 Sirva las cintas a la carbonara en el plato y espolvoree con parmesano rallado por encima.

AYUDA

— Si quiere intensificar el sabor de esta preparación, puede sustituir la nata de la crema de bacon por agua de parmesano (pág. 21).

— La receta de la salsa que acompaña a la carbonara varía en muchos lugares de Italia, sobre todo en relación con la proporción entre yemas de huevo y nata.

— La utilización de la yema pasteurizada es recomendable en los restaurantes por cuestiones de salud pública. En casa... ¡decida usted!

MONTADITO DE BACALAO Y PIMIENTO VERDE

INGREDIENTES	PARA CASA		PROFESIONAL	
	PARA 2 PERSONAS	PARA 6 PERSONAS	PARA 20	PARA 75
EN EL MERCADO				
BACALAO FRESCO	1 filete de 300 g	900 g	5 kg	16 kg
PIMIENTOS VERDES ITALIANOS	2 u.	6 u.	20 u.	75 u.
PAN DE HOGAZA CORTADO	2 rebanadas	6 rebanadas	2 u.	6 u.
EN LA NEVERA				
HUEVOS	1 u.	2 u.	6 u.	20 u.
MAYONESA	30 g	90 g	300 g	1 kg
EN LA DESPENSA				
HARINA DE TRIGO	2 cucharadas	90 g	300 g	1 kg
ACEITE DE GIRASOL	150 ml	450 ml	1,5 l	5 l
SAL	—	—	—	—

1 Racione el bacalao sin espinas en trozos de unos 130 g.

2 Caliente el aceite en una sartén.

3 Ponga a punto de sal, enharine el bacalao y páselo por huevo batido.

4 Fría el bacalao hasta que quede bien dorado por los dos lados y jugoso en el interior.

5 Escurra del aceite y póngalo sobre papel absorbente para retirar el exceso de aceite.

6 Fría los pimientos hasta que esten bien cocidos y dorados. Escúrralos y póngalos a punto de sal.

7 Tueste las rebanadas de pan de hogaza por los dos lados.

8 Haga montaditos de pan tostado, colocando el pimiento verde y encima el bacalao frito. Sirva la mayonesa al lado.

AYUDA

— Pida a su pescadería que le limpien el bacalao en filetes para prepararlo con más comodidad.

SOPA DE ALMENDRA CON HELADO DE TURRÓN

INGREDIENTES	PARA CASA	PROFESIONAL	
	PARA 6 PERSONAS*	PARA 20	PARA 75
EN EL MERCADO			
ALMENDRAS GARRAPIÑADAS	18 u.	150 g	500 g
EN EL CONGELADOR			
HELADO DE TURRÓN	1 tarrina	600 ml	2 l
EN LA DESPENSA			
GRANILLO DE ALMENDRA CRUDA	240 g	600 g	3 kg
AZÚCAR	80 g	175 g	700 g
AGUA	600 ml	1,5 l	8 l

La cantidad mínima recomendable de esta receta es para 6 personas.

1 Ponga a hidratar el granillo de almendras con el agua durante 12 horas en la nevera.

2 Triture las almendras hidratadas con el agua con la ayuda de un batidor eléctrico.

3 Cuele con un colador fino, añada el azúcar y enfríe la sopa en la nevera.

4 Disponga 3 almendras garrapiñadas en el fondo de un bol y una bola de helado de turrón encima.

5 Sirva la sopa de almendra alrededor del helado.

MENÚ
24

/ GARBANZOS CON
  ESPINACAS Y HUEVO

// PANCETA DE CERDO
   GLASEADA CON
   SALSA TERIYAKI

/// BONIATO ASADO
    CON MIEL Y NATA

INGREDIENTES PARA EL MENÚ

EN EL MERCADO
TOMATE MADURO
BONIATOS
GARBANZOS COCIDOS
PANCETA DE CERDO SIN CORTAR

EN LA NEVERA
NATA LÍQUIDA 35 % M.G.
HUEVOS

EN EL CONGELADOR
ESPINACAS
CALDO DE POLLO (pág. 55)

EN LA DESPENSA
CEBOLLA
AJO
COMINO EN POLVO
SALSA TERIYAKI
MIEL
MAICENA EXPRÉS
ACEITE DE OLIVA 0,4°
SAL
PIMIENTA NEGRA (en grano)
AZÚCAR
PIMIENTA NEGRA (molida)

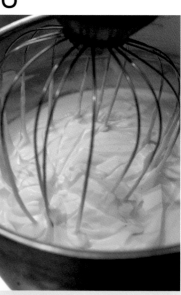

CÓMO ORGANIZARSE

DURACIÓN ESTIMADA **2 h**

GARBANZOS CON ESPINACAS Y HUEVO

PANCETA DE CERDO GLASEADA CON SALSA TERIYAKI

BONIATO ASADO CON MIEL Y NATA

1

2 horas antes de comer hierva la panceta 1 ½ hora.

2

Prepare el tomate y pique el ajo para los garbanzos.

3

45 minutos antes de comer ase los boniatos en el horno.

4

Mientras tanto cueza los huevos para los garbanzos.

5

½ hora antes de comer corte la panceta y salséela con la salsa teriyaki. Cuézala al horno 30 minutos.

6

Corte y escalde las espinacas y haga los garbanzos según se indica.

7

Mientras tanto monte la nata y guárdela en la nevera.

8

Sirva los guisantes con espinacas y el huevo al gusto.

9

Sirva la panceta teriyaki.

10

En el momento del postre corte los boniatos por la mitad y reparta la miel por encima. Sirva la nata en un cuenco aparte.

GARBANZOS CON ESPINACAS Y HUEVO

INGREDIENTES	PARA CASA		PROFESIONAL	
	PARA 2 PERSONAS	PARA 6 PERSONAS	PARA 20	PARA 75
EN EL MERCADO				
GARBANZOS COCIDOS	320 g	1 kg	3,2 kg	12 kg
TOMATE MADURO	120 g	360 g	1,2 kg	4 kg
EN LA NEVERA				
HUEVOS	2 u.	6 u.	20 u.	75 u.
EN EL CONGELADOR				
ESPINACAS	65 g	200 g	650 g	2,5 kg
CALDO DE POLLO (pág. 55)	200 ml	600 ml	2 l	7 l
EN LA DESPENSA				
AJO	2 dientes	6 dientes	35 g	125 g
COMINO EN POLVO	1 pizca	2 pizcas	1 g	5 g
MAICENA EXPRÉS	1 cucharadita	3 cucharaditas	15 g	50 g
ACEITE DE OLIVA 0,4º	3 cucharadas	90 ml	300 ml	1 l
SAL	—	—	—	—
PIMIENTA NEGRA	—	—	—	—
AGUA				

1 Corte las espinacas en trozos y hiérvalas en agua al punto de sal 1 minuto. Escúrralas sobre un colador.

2 Triture el tomate con un batidor eléctrico y elimine el exceso de agua dejándolo reposar en un colador sin presionar. Pele y pique los ajos.

3 Cueza los huevos.

4 Sofría el ajo y el tomate en una cazuela con el aceite de oliva. Añada el comino en polvo.

5 Incorpore los garbanzos, sin caldo, y rehogue 30 segundos. Añada el caldo de pollo y deje que levante el hervor.

6 Pele los huevos y manténgalos en agua tibia para que no se enfríen.

7 Incorpore las espinacas y ponga a punto de sal y pimienta negra. Ligue con la maicena. (Se debe conseguir una textura cremosa del caldo, no espesa.)
Sirva los garbanzos en un plato hondo con un huevo.

AYUDA

— El huevo que acompaña a este plato puede ser duro o poché, o incluso solo una yema. También se puede hacer «a la japonesa», es decir, a baja temperatura, si dispone de un Roner (ver págs. 34-35).

— Aconsejamos comprar los garbanzos cocidos de buena calidad y, si puede ser, en una tienda de legumbres cocidas.

PANCETA DE CERDO GLASEADA CON SALSA TERIYAKI

INGREDIENTES	PARA CASA		PROFESIONAL	
	PARA 2 PERSONAS	PARA 6 PERSONAS	PARA 20	PARA 75
EN EL MERCADO				
PANCETA DE CERDO	400 g	1,2 kg	4 kg	15 kg
EN LA DESPENSA				
SALSA TERIYAKI	200 g	600 g	2 kg	7,5 kg
AJO	1 diente	3 dientes	25 g	85 g
CEBOLLA	¼ de u.	1 u.	130 g	450 g
PIMIENTA NEGRA (en grano)	4 bolas	12 bolas	4 g	15 g
SAL	—	—	30 g	100 g
AGUA	1 l	2,5 l	10 l	40 l

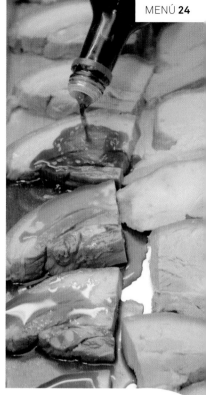

1 Cueza la panceta con agua a punto de sal, la pimienta en grano, el ajo pelado y la cebolla durante 1½ hora.

2 Corte la panceta de cerdo en tiras de 2 cm y póngalas en una fuente de horno.

3 Salsee la panceta con la salsa teriyaki por toda la superficie.

4 Cueza en el horno a 180 ºC durante 30 minutos, salseando continuamente para que la panceta quede bien glaseada.

5 Disponga la panceta en una fuente de servicio y salséela con la salsa de la cocción.

AYUDA

— Es importante que la salsa sea de buena calidad. Si lo desea puede hacer una salsa teriyaki casera (ver pág. 64).

BONIATO ASADO CON MIEL Y NATA

INGREDIENTES	PARA CASA		PROFESIONAL	
	PARA 2 PERSONAS	PARA 6 PERSONAS	PARA 20	PARA 75
EN EL MERCADO				
BONIATOS DE 100 G/U.	2 u.	6 u.	20 u.	75 u.
EN LA NEVERA				
NATA LÍQUIDA 35 % M.G.	60 ml	180 ml	600 ml	2 l
EN LA DESPENSA				
MIEL	30 g	90 g	300 g	1 kg
AZÚCAR	8 g	24 g	80 g	300 g

1 Ase los boniatos en el horno a 180 °C durante 40 minutos.

2 Mezcle la nata fría con el azúcar y móntela ligeramente hasta obtener una textura aireada pero cremosa.

3 Corte los boniatos cocidos por la mitad en sentido longitudinal.

4 Disponga la miel por encima de cada mitad de boniato asado.

5 Sirva los boniatos calientes y acompañe con la nata semimontada en un bol al lado.

MENÚ
25

/ PATATAS Y JUDÍAS CON
ESPUMA DE CHANTILLY

// CODORNICES CON CUSCÚS
A LA MARROQUÍ

/// PERAS CARAMELIZADAS
CON HELADO
DE FRAMBUESA

INGREDIENTES PARA EL MENÚ

EN EL MERCADO
JUDÍA TIERNA TIPO PERONA
ESPINACAS FRESCAS
MENTA FRESCA
PERA CONFERENCE
CODORNICES

EN LA NEVERA
LIMÓN
MAYONESA
MANTEQUILLA
NATA LÍQUIDA 35 % M.G.

EN EL CONGELADOR
HELADO DE FRAMBUESA

EN LA DESPENSA
PATATAS
ESPECIAS MARROQUÍES
  (Ras el Hanout)
CUSCÚS DE TRIGO
MIEL
PIÑONES
PASAS
ACEITE DE OLIVA 0,4°
AZÚCAR
SAL
PIMIENTA NEGRA
SIFÓN ISI DE N_2O
CARGAS N_2O PARA SIFÓN

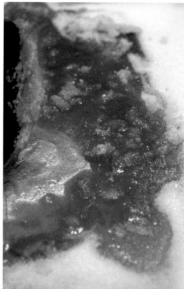

CÓMO ORGANIZARSE

DURACIÓN ESTIMADA **1½ horas**

| PATATAS Y JUDÍAS CON ESPUMA DE CHANTILLY | CODORNICES CON CUSCÚS A LA MARROQUÍ | PERAS CARAMELIZADAS CON HELADO DE FRAMBUESA |

PATATAS Y JUDÍAS CON ESPUMA DE CHANTILLY

2
Haga la espuma de chantilly y guárdela en la nevera.

4
30 minutos antes pele, corte y cueza las patatas.

7
Mientras tanto cueza las judías tiernas.

9
Sirva las patatas hervidas y las judías con la espuma de chantilly.

CODORNICES CON CUSCÚS A LA MARROQUÍ

1
1½ hora antes de comer limpie y macere las codornices.

3
Prepare los ingredientes para el cuscús.

6
Haga el cuscús a la marroquí para las codornices.

8
Cocine las codornices al grill.

10
Sirva el cuscús a la marroquí y las codornices. Termine con el zumo y la ralladura de limón por encima.

PERAS CARAMELIZADAS CON HELADO DE FRAMBUESA

5
Prepare las peras caramelizadas.

11
En el momento del postre disponga las peras caramelizadas con la salsa en un plato y el helado al lado.

PATATAS Y JUDÍAS CON ESPUMA DE CHANTILLY

INGREDIENTES	PARA CASA		PROFESIONAL	
	PARA 2 PERSONAS	PARA 6 PERSONAS	PARA 20	PARA 75
EN EL MERCADO				
JUDÍA TIERNA TIPO PERONA	240 g	720 g	2,4 kg	9 kg
EN LA NEVERA				
MAYONESA*	150 g	300 g	500 g	1,5 kg
LIMÓN (zumo)*	½ u.	1 u.	140 ml	360 ml
NATA LÍQUIDA 35 % M.G.*	125 ml	250 ml	420 ml	1,25 l
EN LA DESPENSA				
PATATAS (medianas)	2 u.	1,2 kg	4 kg	16 kg
SAL	—	—	—	—
SAL*	—	—	—	—
SIFÓN ISI DE N₂O*	1 u. (de ½ l)	1 u. (de ½ l)	2 u. (de 1 l)	5 u. (de 1 l)
CARGAS SIFÓN ISI DE N₂O*	2 u.	2 u.	4 u.	10 u.
AGUA				

Para la espuma de chantilly.

1 Pele y chasque las patatas en trozos de unos 3 cm.

2 Cueza las patatas en agua con sal durante 25 minutos.

3 Mezcle la mayonesa con la nata, incorpore el zumo de limón colado y ponga a punto de sal.

4 Introduzca la mezcla en el si-fón y cargue con el aire. Guarde la espuma de chantilly en la nevera.

5 Con la ayuda de un cuchillo saque las puntas a las judías y córtelas en 2 o 3 trozos dependiendo del tamaño.

6 Cueza las judías en agua hirviendo a punto de sal 4 minutos.

7 Sirva en un plato las patatas escurridas y encima las judías escurridas.
Sirva en un cuenco la espuma de chantilly.

AYUDA

— Si no encuentra judía perona en el mercado puede utilizar otra variedad, como, por ejemplo, judía bovi.

CODORNICES CON CUSCÚS A LA MARROQUÍ

INGREDIENTES	PARA CASA		PROFESIONAL	
	PARA 2 PERSONAS	PARA 6 PERSONAS	PARA 20	PARA 75
EN EL MERCADO				
CODORNICES	4 u.	12 u.	20 u.	75 u.
ESPINACAS FRESCAS*	20 g	60 g	250 g	800 g
MENTA FRESCA	4 ramas	12 ramas	1 manojo	2 manojos
EN LA NEVERA				
LIMÓN	½ u.	1 u.	2 u.	6 u.
EN LA DESPENSA				
ESPECIAS MARR. (Ras el Hanout)	½ cucharada	1 cucharada	20 g	65 g
ESPECIAS MARR. (Ras el Hanout)*	½ cucharadita	1½ cucharadita	8 g	26 g
MIEL	1 cucharada	2 cucharadas	150 g	400 g
CUSCÚS DE TRIGO*	75 g	225 g	1 kg	3 kg
ACEITE DE OLIVA 0,4°	1 cucharada	2 cucharadas	100 ml	300 ml
ACEITE DE OLIVA 0,4°*	2 cucharadas	6 cucharadas	125 ml	370 ml
PIÑONES*	1 cucharada	3 cucharadas	190 g	560 g
PASAS*	1 cucharada	3 cucharadas	160 g	480 g
SAL	—	—	—	—
PIMIENTA NEGRA	—	—	—	—
AGUA	100 ml	300 ml	1,3 l	4 l

* Para el cuscús.

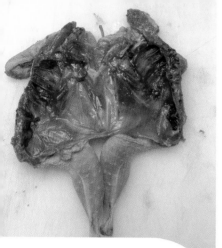

1 Quite las posibles plumas de las codornices y las puntas de las alas. Córtelas por la mitad por la parte de la espalda. Retire los intestinos.

2 Ponga a punto las codornices con sal, pimienta negra y especias en una bandeja de horno. Deje macerar en la nevera durante 1 hora.

3 Corte la menta en juliana. Embadurne las codornices con la menta en juliana y la miel.

4 En una cazuela dore los piñones con el aceite y añada seguidamente las pasas, rehogue medio minuto y añada el cuscús.

5 Saltee 1 minuto, añada las espinacas limpias y moje con el agua hirviendo. Rápidamente añada las especias y ponga a punto de sal.

6 Introduzca las codornices en el grill del horno y vaya cociendo dando la vuelta hasta que estén doradas y jugosas.

7 Disponga en una fuente el cuscús a la marroquí y al lado las codornices. Termine rociando las codornices con zumo y ralladura de piel de limón.

AYUDA

— Si quiere que el cuscús sea más sabroso moje con caldo de pollo en lugar de agua (punto 5).

PERAS CARAMELIZADAS CON HELADO DE FRAMBUESA

INGREDIENTES	PARA CASA		PROFESIONAL	
	PARA 2 PERSONAS	PARA 6 PERSONAS	PARA 20	PARA 75
EN EL MERCADO				
PERA CONFERENCE	1 u.	3 u.	10 u.	38 u.
EN LA NEVERA				
MANTEQUILLA	1 cucharada	3 cucharadas	200 g	600 g
EN LA DESPENSA				
AZÚCAR	2 cucharadas	5 cucharadas	350 g	1,1 kg
AGUA	200 ml	400 ml	650 ml	1,5 l
EN EL CONGELADOR				
HELADO DE FRAMBUESA	100 ml	300 ml	1,2 l	3,5 l

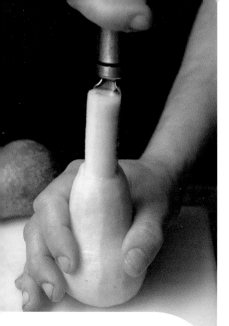

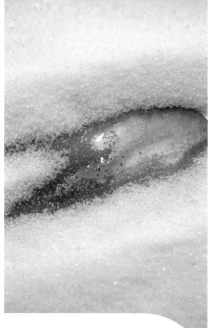

1 Pele las peras y corte el tallo superior. Con un descorazonador, quite el corazón y córtelas por la mitad verticalmente.

2 En una sartén cueza el azúcar hasta obtener un caramelo oscuro.

3 Añada la mantequilla.

6 Retire del fuego y deje a temperatura ambiente. Disponga las peras con su salsa en un plato y el helado de frambuesa al lado.

4 Añada las peras, caramelícelas y añada el agua caliente.

5 Dé la vuelta a las peras a media cocción (15 minutos aprox.). Cueza hasta que las peras estén tiernas y la salsa quede cremosa.

AYUDA

— Podemos usar o bien otro tipo de helado, como, por ejemplo, de chocolate, o bien un sorbete de frutas.

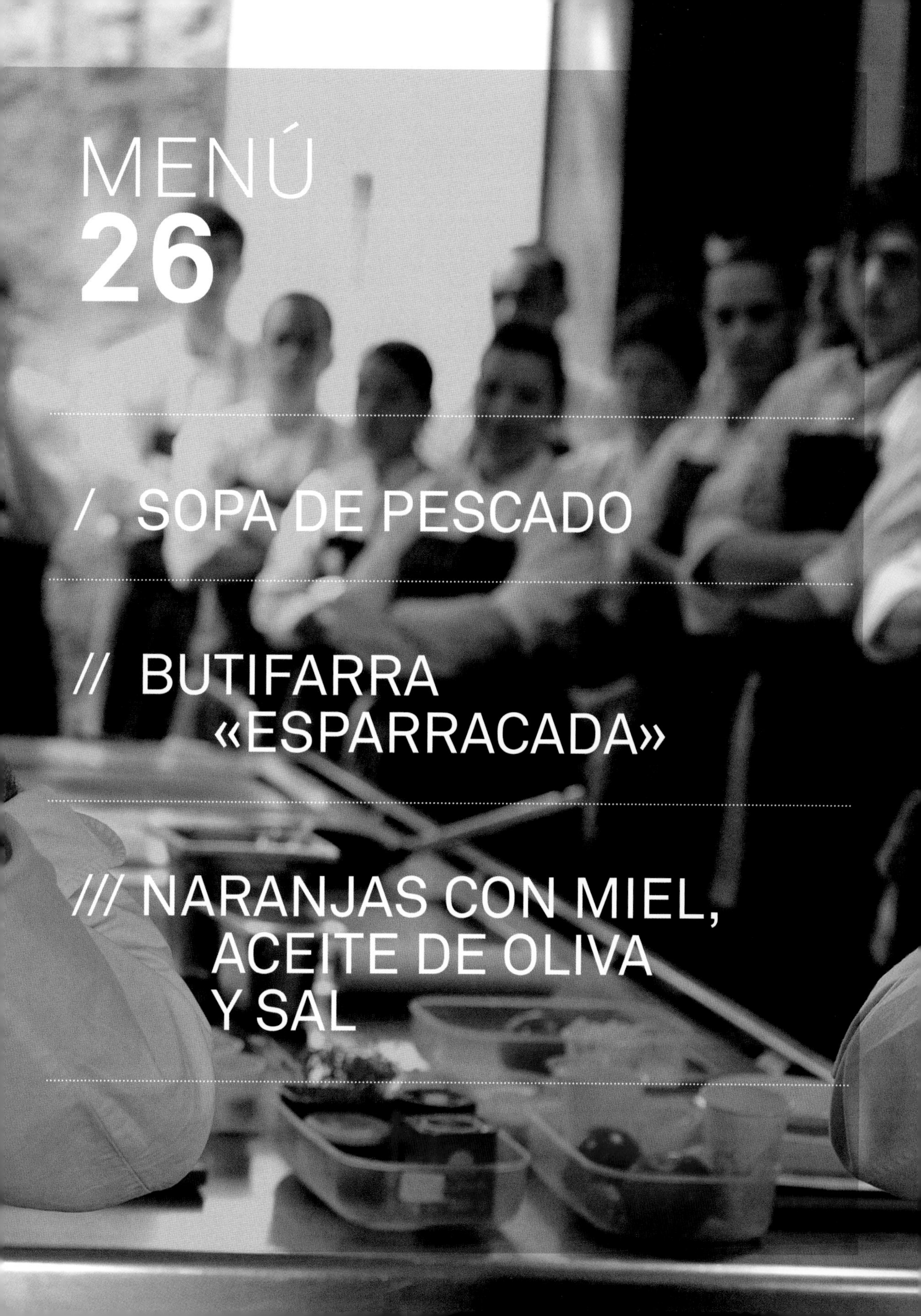

MENÚ
26

/ SOPA DE PESCADO

// BUTIFARRA
   «ESPARRACADA»

/// NARANJAS CON MIEL,
    ACEITE DE OLIVA
    Y SAL

INGREDIENTES PARA EL MENÚ

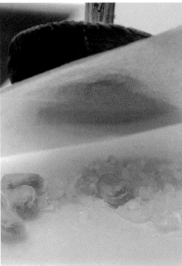

EN EL MERCADO

- NARANJAS
- CHAMPIÑONES MEDIANOS
- PEREJIL
- PESCADO PARA SOPA
- BUTIFARRAS DE 125 G
- PAN DE HOGAZA

EN EL CONGELADOR

- PICADA (pág. 58)
- SOFRITO (pág. 59)

EN LA DESPENSA

- AJO
- ROMERO FRESCO
- TOMILLO FRESCO
- PIMENTÓN DULCE
- CARAMELOS DE MIEL DUROS
- VINO RANCIO
- LICOR ANISADO (tipo pastís)
- ACEITE DE OLIVA 0,4º
- ACEITE DE OLIVA VIRGEN EXTRA
- SAL EN ESCAMAS
- SAL
- PIMIENTA NEGRA
- MIEL

CÓMO ORGANIZARSE

DURACIÓN ESTIMADA **1 hora**

SOPA DE PESCADO

BUTIFARRA «ESPARRACADA»

NARANJAS CON MIEL,
ACEITE DE OLIVA Y SAL

1
1 hora antes de comer elabore
la sopa.

2
½ hora antes prepare y cueza
la butifarra.

3
Pele y corte las naranjas
y guárdelas en la nevera.

4
5 minutos antes de comer
saltee los champiñones y termine
la butifarra «esparracada».

5
Sirva la sopa de pescado caliente.

6
Disponga la butifarra sobre una
fuente.

7
En el momento del postre aliñe la
naranja con el aceite de oliva,
la sal y el caramelo de miel.

SOPA DE PESCADO

INGREDIENTES

	PARA CASA		PROFESIONAL	
	PARA 2 PERSONAS	PARA 6 PERSONAS	PARA 20	PARA 75
EN EL MERCADO				
PESCADO PARA SOPA	300 g	900 g	3 kg	10 kg
PAN DE HOGAZA	1 rebanada de unos 20 g	3 rebanadas de unos 20 g	120 g	400 g
EN EL CONGELADOR				
PICADA (pág. 58)	1 cucharada	3 cucharadas	120 g	400 g
SOFRITO (pág. 59)	2 cucharadas	6 cucharadas	240 g	800 g
EN LA DESPENSA				
AJO	3 dientes	9 dientes	130 g	480 g
LICOR ANISADO (tipo pastís)	1 cucharada	2 cucharadas	6 ml	20 ml
PIMENTÓN DULCE	1 cucharadita	3 cucharaditas	25 g	90 g
ACEITE DE OLIVA 0,4°	3 cucharadas	9 cucharadas	180 ml	650 ml
SAL	—	—	—	—
AGUA	0,7 l	2 l	5 l	16 l

1 Machaque el ajo pelado y sofría en una cazuela con la mitad del aceite.

2 Cuando empiece a coger color incorpore el sofrito, añada el pescado limpio y dórelo.

3 Incorpore el pimentón, sofría 10 segundos y moje con el agua. Deje cocer 20 minutos.

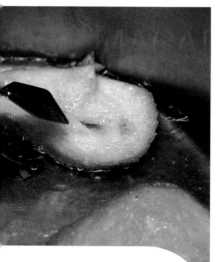

4 Fría las rebanadas de pan con el aceite restante. Debe quedar bien dorado.

5 Cuele el caldo, añada el pan frito y la picada y cueza durante 10 minutos.

6 Triture con un batidor eléctrico hasta conseguir una sopa homogénea y ponga a punto de sal.

7 Añada el pastís y sirva.

AYUDA

— Puede utilizar un poco de hinojo fresco picado en sustitución del pastís, o bien otro tipo de licor anisado.

— El precio ideal de un pescado adecuado para la sopa es de unos 6 €/kg.

— Se puede acompañar con picatostes o con arroz hervido.

— Como muchas sopas, esta se puede congelar. Aproveche para cocinarla una vez y utilizarla para más de una comida.

BUTIFARRA «ESPARRACADA»

INGREDIENTES	PARA CASA		PROFESIONAL	
	PARA 2 PERSONAS	PARA 6 PERSONAS	PARA 20	PARA 75
EN EL MERCADO				
BUTIFARRAS DE 125 G	2 u.	6 u.	20 u.	75 u.
CHAMPIÑONES (enteros medianos)	200 g	600 g	1,8 kg	6,5 kg
PEREJIL FRESCO	½ cucharada	1½ cucharadas	175 g	600 g
EN LA DESPENSA				
AJO	4 dientes	12 dientes	60 g	200 g
ROMERO FRESCO	1 ramita	1 ramita	3 g	10 g
TOMILLO FRESCO	1 ramita	1 ramita	3 g	10 g
VINO RANCIO	4 cucharadas	12 cucharadas	200 ml	750 ml
ACEITE DE OLIVA 0,4º	3 cucharadas	9 cucharadas	600 ml	2 l
SAL	—	—	—	—
PIMIENTA NEGRA	—	—	—	—

1   Retire la piel de las butifarras y forme albóndigas de carne de unos 20 g.

2   Dore las albóndigas con un poco de aceite. Añada los ajos pelados y machacados, el tomillo y el romero. Rehogue 5 minutos.

3   Desglase con el vino rancio y, si hace falta, con un poco de agua. Retire la cazuela del fuego.

4   Limpie y corte los champiñones, póngalos a punto de sal y saltéelos en una sartén con un poco de aceite.

5   Añada la butifarra a los champiñones y cueza el conjunto 15 minutos.

6   Añada el perejil picado y ponga a punto de sal y pimienta negra recién molida.
Sirva la butifarra esparracada.

AYUDA

— En temporada de setas silvestres estas pueden sustituir los champiñones.

— En el mundo profesional se puede optimizar tiempo sustituyendo el perejil picado por aceite de perejil fresco.

NARANJAS CON MIEL, ACEITE DE OLIVA Y SAL

INGREDIENTES	PARA CASA		PROFESIONAL	
	PARA 2 PERSONAS	PARA 6 PERSONAS	PARA 20	PARA 75
EN EL MERCADO				
NARANJAS	2 u.	6 u.	20 u.	75 u.
EN LA DESPENSA				
MIEL	2 cucharadas	6 cucharadas	150 g	500 g
ACEITE DE OLIVA VIRGEN EXTRA	3 cucharadas	9 cucharadas	150 ml	500 ml
CARAMELOS DE MIEL DUROS	3 u.	9 u.	65 g	250 g
SAL EN ESCAMAS	—	—	4 g	15 g

1 Machaque los caramelos entre dos papeles de horno con un rodillo u otro utensilio.

2 Pele las naranjas y córtelas en rodajas de 0,5 cm de ancho.

3 Dispóngalas bien repartidas sobre la superficie de una fuente.

4 Reparta la miel por encima de las naranjas.

5 Aliñe con aceite de oliva virgen extra.

6 Termine repartiendo los caramelos de miel troceados y unas escamas de sal.

AYUDA

— Si no dispone de sal en escamas puede utilizar sal gruesa.

MENÚ
27

/ MEJILLONES
  A LA MARINERA

// LUBINA AL HORNO

/// TOCINILLO DE CIELO
    CON NATA AL RON

INGREDIENTES PARA EL MENÚ

EN EL MERCADO
TOMATES MADUROS
MEJILLONES MEDIANOS
LUBINAS DE 300 G/U.

EN LA NEVERA
NATA LÍQUIDA 35 % M.G.
HUEVOS

EN LA DESPENSA
PATATAS
CEBOLLA
PIMENTÓN DULCE
TOMILLO
ROMERO
AJO
HARINA DE TRIGO
RON BLANCO
ACEITE DE OLIVA 0,4°
AZÚCAR
SAL
PEREJIL
PIMIENTA

Tocinillo de cielo realizado con un molde grande en el mundo profesional.

CÓMO ORGANIZARSE

DURACIÓN ESTIMADA **1½ horas**

MEJILLONES A LA MARINERA

LUBINA AL HORNO

TOCINILLO DE CIELO
CON NATA AL RON

1
Haga los tocinillos de cielo.

2
Prepare todos los ingredientes
para el pescado.

3
Cocine las patatas, la cebolla
y los tomates en el horno.

4
Limpie los mejillones y prepare
la salsa marinera.

5
15 minutos antes termine
la lubina.

6
5 minutos antes termine
los mejillones a la marinera.

7
Sirva la lubina al horno en una
fuente.

8
En el momento del postre
semimonte la nata al ron
y sírvala aparte junto con los
tocinillos de cielo.

MEJILLONES A LA MARINERA

INGREDIENTES	PARA CASA		PROFESIONAL	
	PARA 2 PERSONAS	PARA 6 PERSONAS	PARA 20	PARA 75
EN EL MERCADO				
MEJILLONES MEDIANOS	600 g	1,4 kg	6 kg	18 kg
EN LA DESPENSA				
PIMENTÓN DULCE	½ cucharadita	1 cucharadita	18 g	45 g
HARINA DE TRIGO	1 cucharada	3 cucharadas	150 g	500 kg
ACEITE DE OLIVA 0,4º	2 cucharadas	6 cucharadas	400 ml	1,2 l
PEREJIL	1 cucharada	2 cucharadas	1 manojo	3 manojos
AJO	1 diente	3 dientes	80 g	200 g
SAL	—	—	—	—
AGUA	200 ml	600 ml	1,6 l	6 l

1 Debajo de un hilo de agua, limpie los mejillones de barbas y posible suciedad adherida.

2 Pele y pique el ajo. Dórelo en una cazuela con el aceite.

3 Añada el pimentón, sofría 2 segundos e incorpore la harina.

4 Añada el agua y remueva. Hierva 10 minutos hasta conseguir una salsa consistente y sabrosa. Añada la mitad del perejil picado.

5 Añada los mejillones limpios y tape la cazuela.

6 Cuando se abran, retire del fuego y añada el resto de perejil. Ponga a punto de sal si fuera necesario.

AYUDA

— Hoy día existen en el mercado salsas marineras congeladas de calidad.

— Aconsejamos que para realizar este plato los mejillones no sean grandes.

— Es importante cocer los mejillones en el último momento para que no se pasen de cocción y queden jugosos.

LUBINA AL HORNO

INGREDIENTES	PARA CASA		PROFESIONAL	
	PARA 2 PERSONAS	PARA 6 PERSONAS	PARA 20	PARA 75
EN EL MERCADO				
LUBINAS DE 300 G/U.	2 u.	6 u.	20 u.	75 u.
TOMATES MADUROS	2 u.	6 u.	1,5 kg	5,2 kg
EN LA DESPENSA				
PATATAS (medianas)	2 u.	6 u.	3 kg	14 kg
AJO (con piel)	3 dientes	9 dientes	200 g	600 g
CEBOLLA (mediana)	1 u.	3 u.	1,1 kg	3,4 kg
TOMILLO	2 ramas	6 ramas	20 ramas	75 ramas
ROMERO	2 ramas	6 ramas	20 ramas	75 ramas
ACEITE DE OLIVA 0,4°	2 cucharadas	6 cucharadas	400 ml	1,2 l
SAL	—	—	—	—
PIMIENTA	—	—	—	—

1 Desescame la lubina y quítele las vísceras.
Con la ayuda de un cuchillo haga dos cortes en el lomo de la lubina sin llegar a cortar la espina.

2 Pele y corte las patatas en rodajas de 1 cm de grosor.
Pele y corte la cebolla en juliana.

3 Corte los tomates en rodajas. Machaque los dientes de ajo enteros con piel.

4 En una bandeja de horno, añada un poco de aceite, reparta la mitad de las patatas, del tomate, de los ajos y de la cebolla.

5 Ponga a punto de sal y pimienta, el tomillo y el romero y reparta el resto de patatas, tomates, ajos y cebolla. Añada el resto de aceite.

6 Tape con papel de aluminio y cueza al horno a 180 °C durante 30 minutos.

AYUDA

— Este plato se puede realizar con otros pescados, como, por ejemplo, con dorada.

— Pida a su pescadero que le sirva la lubina desescamada y destripada.

7 Disponga encima la lubina previamente salpimentada y cueza en el horno a 190 °C durante 12 minutos más.

8 Una vez cocida termine la lubina con un chorrito de aceite de oliva.

TOCINILLO DE CIELO CON NATA AL RON

INGREDIENTES	PARA CASA		PROFESIONAL	
	PARA 2 PERSONAS	PARA 6 PERSONAS	PARA 20	PARA 75
EN LA NEVERA				
HUEVOS (yema)	4 u.	12 u.	1 kg (40 u.)	3 kg (120 u.)
NATA LÍQUIDA 35 % M.G.	½ cucharada	2 cucharadas	100 ml	300 ml
NATA LÍQUIDA 35 % M.G.*	2 cucharadas	100 ml	500 ml	1,5 l
EN LA DESPENSA				
AZÚCAR	92 g	275 g	920 g	2,7 kg
RON BLANCO *	½ cucharada	1 cucharada	100 ml	300 ml
AGUA	50 ml	150 ml	500 ml	1,5 l

Para la nata al ron.

1 Cueza el agua con el azúcar en un cazo hasta alcanzar los 109 °C. (Esta operación se realizará con un termómetro.)

2 Disponga las yemas en un cuenco y rómpalas. Añada el jarabe a las yemas a temperatura ambiente, poco a poco sin dejar de remover con una espátula.

3 Añada la nata.

4 Cuele la mezcla y viértala en las tazas de café o en un molde similar.

5 Tape las tazas con papel film.

6 Cueza al vapor durante 10 minutos.

7 Bata la nata líquida hasta conseguir una textura semimontada y añada el ron. Sirva los tocinillos a temperatura ambiente o fríos con la nata aparte.

MENÚ
28

/ MELÓN CON JAMÓN

// ARROZ DE PATO

/// TARTA DE CHOCOLATE

INGREDIENTES PARA EL MENÚ

EN EL MERCADO
MELÓN
JAMÓN CURADO
MUSLO DE PATO

EN LA NEVERA
MANTEQUILLA
HUEVOS

EN EL CONGELADOR
CALDO DE POLLO (pág. 55)
PICADA (pág. 58)
SOFRITO (pág. 59)

EN LA DESPENSA
ARROZ
CHOCOLATE
VINO BLANCO
ACEITE DE OLIVA 0,4º
AZÚCAR
SAL
PIMIENTA NEGRA

CÓMO ORGANIZARSE

DURACIÓN ESTIMADA **1 h**

MELÓN CON JAMÓN

ARROZ DE PATO

TARTA DE CHOCOLATE

1
1 hora antes haga la mezcla para la tarta de chocolate y viértala en los moldes.

2
40 minutos antes ponga a cocer el caldo y corte el muslo de pato.

3
30 minutos antes de comer empiece a sofreír el pato.

4
Mientras tanto cueza la tarta de chocolate.

5
20 minutos antes de comer moje el arroz con el caldo y cuézalo según lo indicado.

6
10 minutos antes corte el melón y sírvalo con el jamón curado aparte.

7
Ponga a punto de sal y pimienta y sirva el arroz de pato.

8
En el momento del postre desmolde y sirva la tarta de chocolate tibia.

MELÓN CON JAMÓN

INGREDIENTES	PARA CASA		PROFESIONAL	
	PARA 2 PERSONAS	PARA 6 PERSONAS	PARA 20	PARA 75
EN EL MERCADO				
MELÓN	½ u.	1 u. (grande)	3 u.	10 u.
JAMÓN CURADO (en lonchas)	6 u.	18 u.	60 u.	225 u.

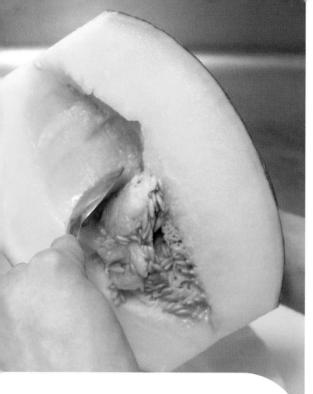

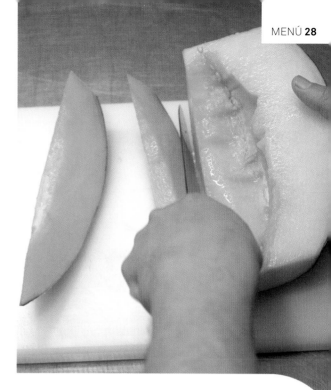

1 Corte los dos extremos del melón. Saque las pepitas con la ayuda de una cuchara.

2 Córtelo posteriormente en gajos de 2,5 cm de ancho, consiguiendo 2 gajos por persona.

AYUDA

— Es importante servir el jamón a temperatura ambiente y no ponerlo sobre el melón para que no se humedezca.

— Se puede emplear jamón serrano, ibérico, de Bayona, de Parma u otros tipos de jamón curado.

3 Disponga los gajos de melón en una fuente de servicio.
Coloque las lonchas de jamón en un plato para que cada comensal se sirva.

ARROZ DE PATO

INGREDIENTES	PARA CASA		PROFESIONAL	
	PARA 2 PERSONAS	PARA 6 PERSONAS	PARA 20	PARA 75
EN EL MERCADO				
MUSLO DE PATO	1 u.	3 u.	4 kg	16 kg
EN EL CONGELADOR				
CALDO DE POLLO (pág. 55)	750 ml	1,8 l	6 l	22 l
PICADA (pág. 58)	1 cucharada	3 cucharadas	120 g	400 g
SOFRITO (pág. 59)	2 cucharadas	180 g	300 g	1 kg
EN LA DESPENSA				
ARROZ	200 g	600 g	2 kg	6,5 kg
ACEITE DE OLIVA 0,4º	2 cucharadas	6 cucharadas	130 ml	450 ml
VINO BLANCO	2 cucharadas	6 cucharadas	130 ml	450 ml
SAL	—	—	—	—
PIMIENTA NEGRA	—	—	—	—

1 Corte los muslos de pato en trozos de unos 2,5 cm.

2 Rehogue el pato a punto de sal con el aceite de modo que se dore por todos los lados.

3 Cuando esté bien asado, desglase con el vino blanco.

4 Añada el sofrito y rehogue a fuego medio durante 5 minutos.

5 Añada el arroz y rehogue durante 3 minutos.

6 Añada el caldo caliente y cueza el arroz 17 minutos removiendo para que no se pegue.

7 Añada la picada y ponga a punto de sal y pimienta negra recién molida.

AYUDA

— Recuerde que si dispone en su congelador de caldo, sofrito y picada le resultará muy fácil hacer los arroces que se proponga.

— Este arroz tiene una textura melosa.

— Pida a su carnicero que le corte los muslos de pato.

TARTA DE CHOCOLATE

INGREDIENTES	PARA CASA		PROFESIONAL	
	PARA 2 PERSONAS	PARA 6 PERSONAS	PARA 20	PARA 75
EN LA NEVERA				
HUEVOS (clara)	2 claras	120 g	600 g	2 kg
HUEVOS (yema)	½ yema	1½ yema	40 g	140 g
MANTEQUILLA	30 g	90 g	300 g	1 kg
EN LA DESPENSA				
CHOCOLATE	60 g	180 g	600 g	2 kg
AZÚCAR	1 cucharada	30 g	85 g	320 g

1 Trocee el chocolate y ponga a fundir al baño María.

2 Añada mantequilla a temperatura ambiente y mézclela con el chocolate con una espátula.

3 Monte las claras con el azúcar sin que lleguen a punto de nieve con un batidor de mano.

4 Vierta las yemas sobre el merengue de claras y azúcar.

5 Añada la mezcla de yemas y merengue al chocolate, mezclando con cuidado con una espátula.

6 Rellene los moldes de 12 cm de diámetro e introduzca en el horno a 200 °C durante 12 minutos.

7 Deje entibiar la tarta, desmóldela y sírvala.

AYUDA

— Existen en el mercado muchos moldes para tartas, nosotros aconsejamos el uso de moldes de silicona, ya que así nos aseguramos de que la tarta no se pegue.

— Es aconsejable servir la tarta tibia.

— Esta tarta puede servirse también para el desayuno.

MENÚ
29

/ ESCALIBADA

// LENTEJAS GUISADAS
CON SALMÓN

/// CREMOSO DE
CHOCOLATE BLANCO

INGREDIENTES PARA EL MENÚ

EN EL MERCADO
BERENJENA

PIMIENTO ROJO

PEREJIL FRESCO

PISTACHOS TOSTADOS

SALMÓN FRESCO

EN LA NEVERA
NATA LÍQUIDA 35 % M.G.

HUEVOS

EN EL CONGELADOR
CALDO DE PESCADO (pág. 54)

PICADA (pág. 58)

SOFRITO (pág. 59)

EN LA DESPENSA
CEBOLLA

LENTEJAS COCIDAS

CHOCOLATE BLANCO

VINAGRE DE JEREZ

ACEITE DE OLIVA 0,4º

SAL

PIMIENTA NEGRA

CÓMO ORGANIZARSE

DURACIÓN ESTIMADA **1 hora**

ESCALIBADA

LENTEJAS GUISADAS
CON SALMÓN

CREMOSO DE CHOCOLATE
BLANCO

1

1 hora antes ponga a asar las
verduras para la escalibada.

2

A continuación haga el cremoso
de chocolate blanco.

3

Corte el salmón y pique el perejil
para las lentejas.

4

Elabore la vinagreta.

5

25 minutos antes empiece a
guisar las lentejas.

6

10 minutos antes pele y
prepare la escalibada. Disponga
la verdura en la fuente de servicio
y salsee con la vinagreta.

7

3 minutos antes añada el salmón
a las lentejas, termine el guiso
y sirva en platos soperos.

8

En el momento del postre reparta
los pistachos por encima del
cremoso de chocolate blanco.

ESCALIBADA

INGREDIENTES

	PARA CASA		PROFESIONAL	
	PARA 2 PERSONAS	PARA 6 PERSONAS	PARA 20	PARA 75
EN EL MERCADO				
BERENJENA	1 u.	3 u.	2 kg	7,5 kg
PIMIENTO ROJO	1 u.	3 u.	2 kg	7,5 kg
EN LA DESPENSA				
CEBOLLA	2 u.	6 u.	2 kg	7,5 kg
SAL	—	—	30 g	100 g
ACEITE DE OLIVA 0,4º	3 cucharadas	90 ml	300 ml	1 l
ACEITE DE OLIVA 0,4º*	3 cucharadas	90 ml	300 ml	1 l
VINAGRE DE JEREZ*	½ cucharada	1 cucharada	30 ml	100 ml
PIMIENTA NEGRA*	—	—	—	—

* Para la vinagreta.

1 Limpie las berenjenas y los pimientos, séquelos y úntelos con aceite y ponga a punto de sal.

2 Envuelva las cebollas en papel de aluminio.
Ponga las verduras en una bandeja de horno y cueza 45 minutos a 200 ºC.

3 Terminada la cocción, pele y despepite los pimientos y pele las berenjenas. Córtelo todo a tiras de unos 0,5 cm.

4 Pele y corte las cebollas asadas a cuartos.

5 Guarde el jugo que han soltado las verduras.
Disponga las verduras cortadas en una fuente sin que se amontonen. Deje atemperar fuera de la nevera.

6 Haga la vinagreta mezclando el jugo de las verduras, sal, pimienta, aceite y vinagre. Aliñe la escalibada.

LENTEJAS GUISADAS CON SALMÓN

INGREDIENTES	PARA CASA		PROFESIONAL	
	PARA 2 PERSONAS	PARA 6 PERSONAS	PARA 20	PARA 75
EN EL MERCADO				
SALMÓN FRESCO	300 g	900 g	3 kg	12 kg
PEREJIL FRESCO (picado)	1 cucharada	3 cucharadas	1 manojo	3 manojos
EN EL CONGELADOR				
CALDO DE PESCADO (pág. 54)	400 ml	1,2 l	3,5 l	10 l
PICADA (pág. 58)	1 cucharada	3 cucharadas	150 g	400 g
SOFRITO (pág. 59)	1½ cucharadas	4½ cucharadas	300 g	1 kg
EN LA DESPENSA				
ACEITE DE OLIVA 0,4°	1 cucharada	3 cucharadas	50 ml	200 ml
LENTEJAS COCIDAS	300 g	900 g	3 kg	10 kg
SAL	—	—	3 g	10 g

1 Desescame, desespine, filetee, quite la piel y corte el salmón en dados de 3 cm de lado.

2 Deshoje y pique las hojas de perejil.

3 En una cazuela añada el aceite y el sofrito, deje cocer 1 minuto y moje con el caldo caliente.

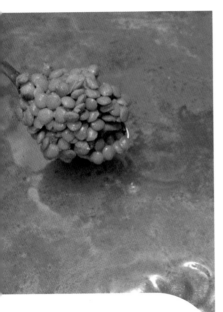

4 Añada las lentejas y la picada y cueza 10 minutos a fuego medio.

5 3 minutos después añada el salmón a punto de sal. Al cabo de 1 minuto dé la vuelta al salmón sin romperlo y ponga a punto de sal.

6 Añada el perejil picado y sirva el guiso en platos soperos.

AYUDA

— Pida a su pescadero que le limpie el salmón para ahorrar trabajo.

— Si no dispone de salmón puede reemplazarlo por otro tipo de pescado como caballa o atún, por ejemplo. También valdría algún molusco, como chirlas, mejillones o almejas pequeñas.

— Recuerde que si dispone de caldo, sofrito y picada en su congelador le resultará muy fácil hacer los guisos que se proponga.

— Si quiere dar más cremosidad al guiso puede ligarlo con un poco de maicena.

CREMOSO DE CHOCOLATE BLANCO

INGREDIENTES

	PARA CASA		PROFESIONAL	
	PARA 2 PERSONAS	PARA 6 PERSONAS	PARA 20	PARA 75
EN EL MERCADO				
PISTACHOS TOSTADOS	20 u.	100 g	150 g	670 g
EN LA NEVERA				
HUEVO (yema)	1 u.	3 u.	220 g	990 g
NATA LÍQUIDA 35 % M.G.	90 ml	260 ml	1,4 l	4,2 l
EN LA DESPENSA				
CHOCOLATE BLANCO	75 g	220 g	800 g	3,6 kg

1   Casque los huevos y separe las yemas de las claras. Pique el chocolate.

2   Vierta la nata caliente encima de las yemas sin dejar de remover con un batidor de mano.

3   Cueza la crema ligeramente (debe llegar a unos 80 ºC) sin dejar de remover con una espátula.

4   Vierta la crema caliente en el chocolate y deje reposar 2 minutos para que el chocolate se funda.

5   Mezcle con un batidor hasta conseguir una crema sin grumos.

6   Reparta el cremoso en los boles. Enfríe en la nevera. Antes de servir reparta los pistachos por encima.

AYUDA

— Recomendamos realizar este cremoso el día antes.

— Puede sustituir los pistachos por otro fruto seco tostado o garrapiñado, o fruta liofilizada (frambuesa, fresa, etc.).

MENÚ
30

/ COGOLLOS A LA PLANCHA
CON VINAGRETA DE
MENTA

// CARRILLERAS DE
TERNERA AL VINO
TINTO Y MOSTAZA
CON PURÉ DE PATATA

/// MOUSSE DE CHOCOLATE
CON AVELLANAS
GARRAPIÑADAS

INGREDIENTES PARA EL MENÚ

EN EL MERCADO
COGOLLOS GRANDES
MENTA FRESCA
CARRILLERAS DE TERNERA

EN LA NEVERA
LECHE ENTERA
NATA LÍQUIDA 35 % M.G.
HUEVOS
MANTEQUILLA

EN LA DESPENSA
AVELLANAS GARRAPIÑADAS
MOSTAZA ANTIGUA
COPOS DE PATATA
CHOCOLATE
VINO TINTO
BRANDY
VINAGRE DE JEREZ
ACEITE DE OLIVA 0,4º
AZÚCAR
SAL
PIMIENTA NEGRA
SIFÓN ISI DE N_2O
CARGAS N_2O PARA SIFÓN
PATATA

CÓMO ORGANIZARSE

DURACIÓN ESTIMADA **1 hora**

COGOLLOS A LA PLANCHA
CON VINAGRETA DE MENTA

CARRILLERAS DE TERNERA
AL VINO TINTO Y MOSTAZA
CON PURÉ DE PATATA

MOUSSE DE CHOCOLATE CON
AVELLANAS GARRAPIÑADAS

1

1 hora antes de comer guise las
carrilleras.

2

Mientras se guisan las carrilleras
haga la mousse de chocolate.

3

20 minutos antes de comer haga
la vinagreta y limpie los cogollos.

4

10 minutos antes haga el puré de
patata.

5

5 minutos antes cocine los
cogollos a la plancha y salséelos
con la vinagreta.

6

Termine la carrillera y sírvala
cubierta con la salsa, con el puré
de patata en un cuenco al lado.

7

En el momento del postre disponga
la mousse de chocolate y esparza
las avellanas garrapiñadas.

COGOLLOS A LA PLANCHA
CON VINAGRETA DE MENTA

INGREDIENTES	PARA CASA		PROFESIONAL	
	PARA 2 PERSONAS	PARA 6 PERSONAS	PARA 20	PARA 75
EN EL MERCADO				
COGOLLOS GRANDES	2 u.	6 u.	20 u.	75 u.
MENTA FRESCA	8 ramas	1 barqueta	33 g	100 g
EN LA NEVERA				
HUEVOS (yemas)	1 u.	3 u.	200 g (8 u.)	625 g (25 u.)
EN LA DESPENSA				
ACEITE DE OLIVA 0,4°	80 ml	240 ml	1 l	2,7 l
VINAGRE DE JEREZ	2 cucharadas	5 cucharadas	110 ml	335 ml
MOSTAZA ANTIGUA	½ cucharada	2 cucharadas	180 g	570 g
SAL	—	—	—	—

1 Junte las hojas de menta, el vinagre de Jerez, la mostaza antigua y el aceite de oliva.

2 Triture con un batidor eléctrico, añada las yemas, mezcle y ponga a punto de sal.

3 Limpie los cogollos en agua y córtelos por la mitad verticalmente.

4 5 minutos antes de comer, cocine los cogollos en la plancha con un poco de aceite y a punto de sal por los dos lados, hasta que queden dorados.

5 Corte las mitades de cogollo cocinado por la mitad y disponga 4 trozos de cogollo en cada plato.

6 Termine salseando por encima con la vinagreta de menta.

AYUDA

— Al hacer la vinagreta es muy importante añadir la yema de huevo al final, ya que, si no lo hacemos, la vinagreta emulsionará y se transformará en una salsa espesa, de textura similar a una mayonesa, y no nos interesa.

— Si no dispone de cogollos puede realizar esta receta con endivias.

CARRILLERAS DE TERNERA
AL VINO TINTO Y MOSTAZA

INGREDIENTES

	PARA CASA		PROFESIONAL	
	PARA 2 PERSONAS	PARA 6 PERSONAS	PARA 20	PARA 75
EN EL MERCADO				
CARRILLERAS DE TERNERA	2 u.	6 u.	20 u.	75 u.
EN LA DESPENSA				
VINO TINTO	500 ml	1 l	3 l	9 l
BRANDY	5 cucharadas	100 ml	500 ml	1,5 l
MOSTAZA ANTIGUA	½ cucharada	2 cucharadas	70 g	240 g
ACEITE DE OLIVA 0,4°	1 cucharada	2 cucharadas	200 ml	500 ml
AZÚCAR	1 cucharada	2 cucharadas	80 g	200 g
SAL	—	—	—	—
PIMIENTA NEGRA	—	—	—	—
AGUA	1 l	2 l	4 l	12 l

1 En una olla exprés dore las carrilleras de ternera salpimentadas por los dos lados con el aceite de oliva 0,4º.

2 Añada el brandy y redúzcalo.

3 Posteriormente añada el vino tinto y el azúcar. Deje reducir.

4 Una vez reducido, añada la mostaza y el agua. Tape la olla y cueza a fuego medio 45 minutos.

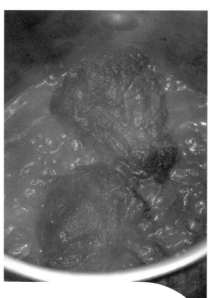

5 Transcurrido este tiempo abra la olla y reduzca el jugo junto con la carrillera hasta obtener una textura de salsa.

6 Ponga a punto de sal si fuera necesario. Sirva las carrilleras enteras cubiertas con la salsa.

AYUDA

— Para el mundo profesional se pueden guisar las carrilleras en el horno. El procedimiento será el mismo, aunque la cocción deberá ser más prolongada (unas 3 horas), a una temperatura de unos 180 ºC. (La fórmula del mundo profesional está ajustada para realizarla en el horno.)

— Si se prefiere se puede realizar esta receta con carrilleras de cerdo.

PURÉ DE PATATA

INGREDIENTES	PARA CASA		PROFESIONAL	
EN COPOS	PARA 2 PERSONAS	PARA 6 PERSONAS	PARA 20	PARA 75
EN LA NEVERA				
LECHE ENTERA	200 ml	500 ml	2,5 l	7,5 l
MANTEQUILLA	10 g	25 g	250 g	750 g
EN LA DESPENSA				
COPOS DE PATATA	25 g	65 g	300 g	930 g
SAL	—	—	50 g	160 g
PIMIENTA NEGRA	—	—	24 g	80 g
CON PATATA	PARA 2 PERSONAS	PARA 6 PERSONAS	PARA 20	PARA 75
EN LA NEVERA				
NATA LÍQUIDA 35 % M.G.	30 ml	60 ml	250 ml	800 ml
MANTEQUILLA	15 g	30 g	125 g	400 g
EN LA DESPENSA				
PATATA	150 g	300 g	1,5 kg	5 kg
SAL	—	—	—	—
PIMIENTA NEGRA	—	—	—	—
AGUA	—	—	—	—

EN COPOS

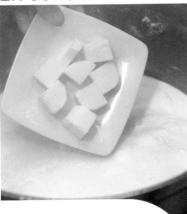

1 Ponga la leche y la mantequilla a calentar en una olla.

2 Cuando hierva añada los copos de patata y mezcle con un batidor de mano hasta conseguir un puré fino y cremoso.

3 Ponga a punto de sal y pimienta negra recién molida.

CON PATATA

1 Pele las patatas y cuézalas enteras en agua a punto de sal durante 30 minutos.

2 Escurra y pase la patata cocida por un colador fino.

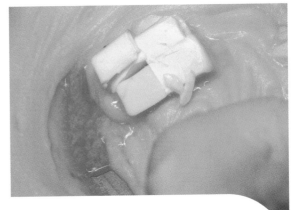

3 Añada la nata caliente al puré de patata mezclando con un batidor de mano.

4 Añada la mantequilla y ponga a punto de sal y pimienta negra recién molida.

MOUSSE DE CHOCOLATE CON AVELLANAS GARRAPIÑADAS

INGREDIENTES

	PARA CASA	PROFESIONAL	
	PARA 1 SIFÓN DE ½ l*	PARA 20	PARA 75
EN LA NEVERA			
NATA LÍQUIDA 35 % M.G.	120 ml	600 ml	2,2 l
HUEVOS (claras)	160 g (4 u.)	450 g	1,7 kg
EN LA DESPENSA			
CHOCOLATE	130 g	640 g	2,4 kg
AVELLANAS GARRAPIÑADAS	30 u.	300 g	1 kg
SIFÓN ISI DE N$_2$O	1 (de ½ l)	3 (de 1 l)	8 (de 1 l)
CARGAS N$_2$O PARA SIFÓN	1 u.	3 u.	8 u.

* Esta es la cantidad mínima para realizar un sifón de ½ l. De esta cantidad nos saldrán 6 raciones.

1 Pique el chocolate.

2 Ponga a hervir la nata y viértala sobre el chocolate. Mezcle con un batidor de mano y deje atemperar.

3 Añada las claras de huevo y mezcle hasta formar una masa homogénea.

4 Cuele la crema e introdúzcala en el sifón.

5 Cargue con el aire. Agite y deje reposar a temperatura ambiente.

6 Sirva la mousse de chocolate con las avellanas garrapiñadas encima.

AYUDA

— Puede sustituir las avellanas garrapiñadas por cualquier tipo de topping de azúcar con fruto seco; por ejemplo, un crocant o un guirlache.

MENÚ
31

/ ENSALADA WALDORF

// FIDEOS CALDOSOS
CON MEJILLONES

/// SOPA DE MELÓN
A LA MENTA
CON POMELO ROSA

INGREDIENTES PARA EL MENÚ

EN EL MERCADO
APIO
MELÓN
MENTA FRESCA
MEJILLONES PEQUEÑOS

EN LA NEVERA
LIMÓN
POMELO ROSA
MANZANA GOLDEN
MAYONESA
NATA LÍQUIDA 35 % M.G.

EN EL CONGELADOR
CALDO DE PESCADO (pág. 54)
PICADA (pág. 58)
SOFRITO (pág. 59)

EN LA DESPENSA
NUECES PELADAS CRUDAS
MOSTAZA DE DIJON
FIDEOS N.º 5
VINO BLANCO
ACEITE DE OLIVA 0,4º
AZÚCAR
SAL
PIMIENTA NEGRA

CÓMO ORGANIZARSE

DURACIÓN ESTIMADA **1 hora**

ENSALADA WALDORF

FIDEOS CALDOSOS
CON MEJILLONES

SOPA DE MELÓN A LA MENTA
CON POMELO ROSA

1

1 hora antes corte los gajos de
pomelo, haga la sopa de melón
y guárdelo en la nevera.

2

Limpie los mejillones.

3

30 minutos antes ponga a hervir
el caldo.

4

Haga la salsa de la ensalada.

5

Corte el apio, la manzana y las
nueces.

6

20 minutos antes cocine los fideos.

7

10 minutos antes acabe
la ensalada.

8

5 minutos antes acabe los fideos
con los mejillones.

9

En el momento del postre disponga el pomelo en los boles y sirva
con la sopa de melón a la menta.

ENSALADA WALDORF

INGREDIENTES	PARA CASA		PROFESIONAL	
	PARA 2 PERSONAS	PARA 6 PERSONAS	PARA 20	PARA 75
EN EL MERCADO				
APIO	100 g	300 g	1 kg	3,5 kg
EN LA NEVERA				
MANZANA GOLDEN	1 u.	3 u.	7 u.	25 u.
MAYONESA	60 g	180 g	530 g	2 kg
NATA LÍQUIDA 35 % M.G.	2 cucharadas	6 cucharadas	140 ml	500 ml
LIMÓN (zumo)	1 cucharada	3 cucharadas	90 ml	350 ml
EN LA DESPENSA				
NUECES PELADAS ENTERAS	30 g	90 g	300 g	1 kg
MOSTAZA DE DIJON	1 cucharada	2 cucharadas	60 g	225 g
SAL	—	—	—	—
PIMIENTA NEGRA	—	—	—	—

1 Limpie el apio, quite las hojas y pele las fibras con un pelador. Córtelo en rodajas de 0,5 cm.

2 Corte las nueces por la mitad. Exprima los limones.

3 Prepare la salsa mezclando la mayonesa, la mostaza, la nata y el zumo de limón. Ponga a punto de sal y pimienta.

4 Pele y corte la manzana en dados. Poco antes de servir mezcle en una ensaladera el apio, la manzana y las nueces.

5 Incorpore la salsa poco a poco, de modo que todo quede bien impregnado.

6 Ponga a punto de sal y pimienta. Sirva la ensalada.

AYUDA

— Cuando se hace una gran cantidad de ensalada evitaremos que la manzana se oxide empleando ácido ascórbico (vitamina C).

FIDEOS CALDOSOS CON MEJILLONES

INGREDIENTES	PARA CASA		PROFESIONAL	
	PARA 2 PERSONAS	PARA 6 PERSONAS	PARA 20	PARA 75
EN EL MERCADO				
MEJILLONES PEQUEÑOS	115 g	350 g	2,25 kg	8,5 kg
EN EL CONGELADOR				
CALDO DE PESCADO (pág. 54)	400 g	1,2 l	4,5 l	16 l
PICADA (pág. 58)	1 cucharada	2 cucharadas	120 g	400 g
SOFRITO (pág. 59)	30 g	90 g	300 g	1 kg
EN LA DESPENSA				
FIDEOS N.º 5	180 g	540 g	1,8 kg	7 kg
ACEITE DE OLIVA 0,4º	2 cucharadas	6 cucharadas	220 ml	800 ml
VINO BLANCO	2 cucharadas	6 cucharadas	150 ml	500 ml
SAL	—	—	—	—
PIMIENTA NEGRA	—	—	—	—

1 Debajo de un hilo de agua limpie los mejillones de barbas y posible suciedad adherida.

2 Caliente el caldo. Ponga los fideos con aceite en una olla y deje que se doren.

3 Añada el sofrito y deje cocer el conjunto unos 2 minutos.

4 Desglase con el vino blanco.

5 Moje con el caldo y añada la picada. Deje cocer 10 minutos.

6 Añada los mejillones y tape la olla 5 minutos para que se abran.

7 Apague el fuego y ponga a punto de sal y pimienta.

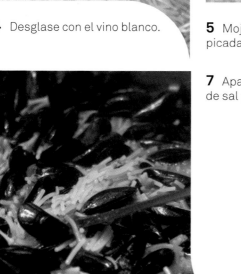

AYUDA

— Este plato se puede aromatizar con pimentón o con azafrán.

— Recuerde que si dispone de caldo, sofrito y picada en su congelador le resultará muy fácil hacer los guisos que se proponga.

— Estos fideos se pueden hacer también con chirlas en lugar de los mejillones.

SOPA DE MELÓN A LA MENTA CON POMELO ROSA

INGREDIENTES	PARA CASA	PROFESIONAL	
	PARA 6 PERSONAS*	PARA 20	PARA 75
EN EL MERCADO			
MELÓN	1 u.	3 u.	10 u.
MENTA FRESCA	10 hojas	20 g	70 g
EN LA NEVERA			
POMELO ROSA	1 u.	1,5 kg	5 kg
EN LA DESPENSA			
AZÚCAR	3 cucharadas	150 g	500 g

La cantidad mínima recomendada de esta receta es para 6 personas.

1 Pele y despepite el melón y córtelo en trozos. Tritúrelos con un batidor eléctrico hasta obtener una sopa.

2 Deshoje la menta e incorpórela a la sopa, añada el azúcar y triture.

3 Pele los pomelos.

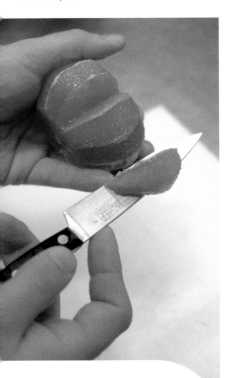

4 Separe los gajos.

5 Exprima el resto de los pomelos y mezcle el zumo con la sopa de melón. Cuele la sopa.

6 Disponga dos gajos de pomelo en los boles y sirva la sopa.

AYUDA

— Puede hacer mayor cantidad de sopa y aprovecharla al día siguiente como zumo para desayunar.

ÍNDICE DE RECETAS

Alitas de pollo al ajillo con setas	182
Almendrados	174
Arroz caldoso de cangrejos	212
Arroz con leche	244
Arroz de pato	352
Arroz negro con sepia	282
Berenjena asada con vinagreta de miso	150
Boniato asado con miel y nata	314
Butifarra «esparracada»	332
Carrilleras de ternera al vino tinto y mostaza con puré de patata	372
Cintas a la carbonara	300
Cochinita pibil	222
Codornices con cuscús a la marroquí	322
Cogollos a la plancha con vinagreta de menta	370
Coliflor gratinada con bechamel	270
Cookies de chocolate	264
Coquitos	134
Cordero a la mostaza y menta	102
Costillas de cerdo con salsa barbacoa	272
Crema catalana	154
Cremoso de chocolate blanco	364
Dorada al vapor a la japonesa	202
Ensalada alemana	190
Ensalada César	250
Ensalada de tomate con albahaca	210
Ensalada Waldorf	382
Escalibada	360
Espaguetis con tomate y albahaca	90
Espuma de caramelo	94
Espuma de yogur con fresas	144
Fideos caldosos con mejillones	384
Flan de coco	214
Fresas con vinagre	194
Garbanzos con espinacas y huevo	310
Gazpacho	280
Guacamole con nachos	78
Guisantes con jamón	290
Hamburguesa con queso y patatas chips	252
Higos con nata al kirsch	224
Huevo frito con espárragos	180
Judías con chirlas	110
Jurel con vinagreta mediterránea	172
Lazos al pesto	200
Lentejas guisadas con salmón	362
Lomo de cerdo a la plancha con pimiento asado	132
Lubina al horno	342
Macarrones a la boloñesa	260
Magret de pato con chimichurri	232
Mandarina con Cointreau y helado de vainilla	204
Mango con yogur al chocolate blanco	124
Manzana al horno con nata montada	114

Mejillones a la marinera 340
Melón con jamón 350
Montadito de bacalao y pimiento verde 302
Mousse de chocolate con avellanas garrapiñadas 376
Muslos de pavo a la catalana 142
Naranjas con miel, aceite de oliva y sal 334
Natillas de pistacho 234
Noodles 230
Ossobuco a la milanesa 162
Pan con chocolate y aceite de oliva 284
Panceta de cerdo glaseada con salsa teriyaki 312
Patatas y cebollas asadas con romesco 240
Patatas y judías con espuma de chantilly 320
Peras caramelizadas con helado de frambuesa 324
Pescadilla en salsa verde 242
Pescado del día a la plancha con refrito de ajos 92
Piña colada 164
Piña, miel y lima 294
Plátano a la lima 274
Polenta al parmesano 120
Pollo a l'ast con patatas paja 292
Pollo al mole rojo con arroz a la mexicana 80
Risotto al azafrán con láminas de champiñón 140
Salchichas con salsa de tomate 152
Sandía con caramelo balsámico 84
Sanfaina con bacalao 112
Sangría de frutas 184
Sardinas al sésamo con ensalada de zanahoria 122
Sopa de almendra con helado de turrón 304
Sopa de melón a la menta con pomelo rosa 386
Sopa de miso con chirlas 170
Sopa de pan y ajo 220
Sopa de pescado 330
Suquet de caballa 262
Tarta de chocolate 354
Tarta de Santiago 254
Ternera guisada al curry thai 192
Tiradito de corvina 160
Tocinillo de cielo con nata al ron 344
Tortilla de patatas chips 130
Trufas de chocolate 104
Vichyssoise 100